LES GRANDS ARTISTES

———

# FRAGONARD

# LES GRANDS ARTISTES

COLLECTION D'ENSEIGNEMENT ET DE VULGARISATION

*Placée sous le Haut Patronage*

DE

## L'ADMINISTRATION DES BEAUX-ARTS

---

*Volumes parus :*

**Raphaël,** par EUGÈNE MUNTZ.
**Albert Dürer,** par AUGUSTE MARGUILLIER.
**Watteau,** par GABRIEL SÉAILLES.
**Titien,** par MAURICE HAMEL.
**Léonard de Vinci,** par GABRIEL SÉAILLES.
**Eugène Delacroix,** par MAURICE TOURNEUX.
**Rubens,** par GUSTAVE GEFFROY.
**J.-F. Millet,** par HENRY MARCEL.
**Pierre Puget,** par PHILIPPE AUQUIER.
**Ingres,** par JULES MOMMÉJA.
**Poussin,** par PAUL DESJARDINS.
**Van Dyck,** par FIERENS-GEVAERT.
**Velazquez,** par ÉLIE FAURE.
**Chardin,** par GASTON SCHEFER.
**Louis David,** par CHARLES SAUNIER.
**La Tour,** par MAURICE TOURNEUX.

*Volumes à paraître :*

**Ruysdael,** par GEORGES RIAT.
**Gainsborough,** par GABRIEL MOUREY.
**Claude Lorrain,** par RAYMOND BOUYER.
**Hogarth,** par FRANÇOIS BENOÎT.

---

880-04. — CORBEIL. Imprimerie ÉD. CRÉTÉ.

LES GRANDS ARTISTES
*LEUR VIE — LEUR ŒUVRE*

# FRAGONARD

PAR

## CAMILLE MAUCLAIR

*BIOGRAPHIE CRITIQUE*

ILLUSTRÉE DE VINGT-QUATRE REPRODUCTIONS HORS TEXTE

PARIS
LIBRAIRIE RENOUARD
HENRI LAURENS, ÉDITEUR
6, RUE DE TOURNON (VIe)

# FRAGONARD

## I

Il s'agira ici d'un peintre admirable, qui n'est que le plus délicieux des petits maîtres avec des dons de très grand artiste, parce que son temps, la faveur des grands et son caprice l'y ont poussé, mais qui représente merveilleusement une heure de la race française et, par là, touche au plus profond de notre histoire.

Jean-Honoré Fragonard, fils d'un mercier, naquit à Grasse le 5 avril 1732. Jusqu'à sa seizième année il vécut dans ce pays lumineux et doux, où il s'ennuyait fort d'être petit clerc de notaire, au point que le tabellion lui-même engagea ses parents à le laisser peindre. Il se peut que ce séjour lui ait, comme le prétendent certains auteurs, et notamment les Goncourt, donné le goût des oppositions d'ombre et de clarté et le secret de son génie futur. Mais nous avouerons croire peu à ces impressions de jeunesse, et penser que le coloris éclatant de Fragonard, sa joie spéciale, et sa vivacité expressive, provinrent plus de sa propre nature et des paysages italiens qu'il aima tant plus tard. En 1748, la famille du jeune artiste le confiait à

Boucher qui, n'acceptant pas d'élèves inexpérimentés, indiquait Chardin pour le premier conseiller, et remettait à six mois l'entrée du jeune Fragonard dans son atelier. Chardin, à ce que prétendent les Goncourt et le baron Portalis, n'apprit rien au débutant, en tout cas déclara à ses parents ne rien pouvoir tirer de lui. Cependant, le peu brillant élève esquissait, dessinait à sa guise, et lorsqu'il se présenta chez Boucher, il fut accueilli, prépara pour son nouveau maître des cartons décoratifs. On sait que le peintre des nymphes roses était alors au comble de la faveur royale, avait peint Mme de Pompadour en 1757, inspectait les Gobelins, éclipsait de Troy, Natoire, Drouais, Tocqué, Nattier, Vien, et semblait entraîner le xviii<sup>e</sup> siècle entier dans sa conception raffinée, galante et un peu sacrilège qui, avec une facilité exquisément élégante, mêlait la mythologie amoureuse à la vie. Boucher fut bon pour Fragonard. Il influa sur toute sa vie d'artiste, et si le jeune homme eut, au début, des velléités de ce qu'on appelle « le grand art », elles furent vite annihilées, peut-être à souhait, par cette influence.

En 1752, Fragonard, encouragé par son maître, tentait d'obtenir le prix de Rome. Il n'était pas élève de l'Académie, mais la faveur de Boucher valait tous les règlements, et on en eut la preuve en voyant cet enfant de vingt ans obtenir d'emblée le prix avec un *Jéroboam sacrifiant aux idoles*, au détriment de Gabriel de Saint-Aubin qui, du coup, renonça à la peinture « noble » pour devenir le dessinateur actualiste incomparable que l'on connaît.

Les lauréats de cette époque ne rejoignaient pas de suite la grande cité, ils devaient attendre des vacances et des fonds disponibles. Fragonard continua de travailler pour son maître, de reproduire même ses œuvres, et de cette époque datent des toiles comme la *Bascule* et le *Colin-Maillard*, qui sont des pastiches de Boucher, mais déjà pleins de maîtrise. En attendant le départ pour Rome, les admissibles entraient à l'École des Élèves protégés, que Louis XV venait de fonder, et qui admettait six élèves dans une maison louée place du Vieux-Louvre, sous le contrôle de Carle Van Loo et Lépicié. Là fut admis Fragonard ; il y resta jusqu'en 1756, peignant des sujets mythologiques et religieux dont un, le *Lavement des pieds*, se trouve encore à la cathédrale de Grasse. Mais enfin il partit pour Rome lorsque ce stage fut fini, et au moment des adieux à son maître Boucher, celui-ci lui dit philosophiquement :

« Mon cher Frago, tu vas voir Michel-Ange et Raphaël. Mais, je te le dis en confidence amicale, si tu prends ces gens-là au sérieux, tu es... perdu. »

Fragonard était déjà celui qu'on allait bientôt appeler partout « Frago ». Il n'était pas destiné à être perdu (le mot de Boucher fut plus énergique). Mais il fut tellement intimidé par les maîtres italiens qu'il resta plusieurs mois sans rien produire qui valût, au grand mécontentement de Natoire, directeur de l'École (alors sise villa Mancini, au Corso), et de M. de Marigny, directeur des Bâtiments civils. L'exemple de Boucher préparait certes fort mal

Fragonard à goûter et à imiter ceux dont il lui avait si pittoresquement recommandé de se défier! Notre artiste se rabattit sur des maîtres moins grands, sur Baroccio, Pietro de Cortone, Tiepolo, en fit des copies, et s'appliqua tant qu'on finit par juger ses envois excellents, parfaitement scrupuleux et corrects, mais peut-être trop impersonnels. Marigny écrivait de lui, avec une justesse rare : « On craint que l'excès des soins ne refroidisse le feu qu'on lui connaissait. On n'y découvre point de ces heureux laissés, ni cette facilité de pinceau qu'il portait cy-devant à l'excès, mais qu'il ne faut cependant perdre entièrement en les rectifiant. » Marigny, en vérité, avait plus de liberté d'esprit, en 1759, que maints de nos professeurs d'école actuels! D'ailleurs, Fragonard reprit vite son « feu » et l'on n'y vit pas de mal, puisque le timoré Natoire lui-même appuya la demande de prolongation de séjour du jeune homme qui avait fini par se plaire à Rome.

Il y resta donc, et à ce moment deux amis lui survinrent, qui devaient influer heureusement sur sa vie L'un fut Hubert Robert, élève de Panini, nommé pensionnaire de Rome par Marigny; l'autre, l'abbé de Saint-Non, figure charmante, une de celles qui nous représentent le plus vivement le xviiie siècle français. Robert était déjà l'artiste sérieux et intuitif que l'on admire. Conseiller au Parlement, abbé, Saint-Non, fait tel par sa famille, n'avait voulu faire de soi-même qu'un artiste. Ses hautes relations lui firent obtenir le libre séjour de la villa d'Este,

LE SACRIFICE DE CORÉSUS.

(Musée du Louvre.)

à Tivoli. Il y emmena Hubert Robert et Fragonard, et dès
lors commença une vie exquise entre ces trois hommes,
devenus d'inséparables camarades. Les peintres dessinaient, et l'abbé gravait leurs œuvres, avec un goût et
une science qui font l'admiration des amateurs d'eau-
forte. Ces deux années passées à la villa d'Este, en un
pays adorable où les ruines antiques se rajeunissent de
verdure et d'eaux vives, marquèrent plus profondément
que Rome, et surtout que l'académisme, le caractère, le
talent et l'âme de Fragonard. Là il se révéla paysagiste
en de merveilleux dessins (principalement des sanguines),
où l'on croit sentir déjà la compréhension du plein air
telle que l'ont révélée nos modernes impressionnistes,
unie à un sens profond du style sans aucune sécheresse
classique. Là Fragonard peignit les jardins et la campagne d'Italie avec l'instinct d'un Provençal né dans une
nature presque semblable. Entre temps il entreprit, avec
Saint-Non qui les gravait, une série de « Fragments
choisis dans les peintures des Églises et Palais d'Italie »
qu'il interprétait avec son étonnante facilité. Ce projet de
publication, qui n'aboutit à Paris qu'en 1771, le mena
jusqu'à Naples ; mais, enfin, les prolongations de séjour
de Fragonard étant épuisées, il lui fallut quitter ce séjour
italien, renoncer à ces chères excursions au retour des-
quelles la villa Mancini lui offrait un gîte académique. Il
partit avec Saint-Non, dessinant en cours de route, s'ar-
rêta à Bologne et à Venise, le plus qu'il put, et arriva enfin
à Paris, après cinq ans d'absence, à l'automne de 1761.

Il était l'espoir de l'École. Mais, en réalité, le souvenir
de la libre vie dans la campagne italienne, et du travail en
plein air, effaçait en lui les faibles traces de l'enseignement, les débiles conseils de Natoire. L'élève de Boucher,
fortifié par l'étude de la nature, allait devenir pleinement
Fragonard.


## II


La situation d'ancien pensionnaire de Rome obligeait
Fragonard à présenter au public quelque grand morceau
d'éclat qui pût le faire admettre d'emblée aux salons de
l'Académie de peinture. C'était alors la seule route
ouverte à un jeune peintre déjà encouragé par l'État. Fragonard se décida donc à faire son « chef-d'œuvre » non
dans la peinture de genre, mais dans un style plus
« noble », et après quelques esquisses (*Sacrifice d'Iphigénie, Renaud et Armide*), il trouva dans la *Callirhoé* de
Roy son sujet : *Corésus, grand prêtre, se sacrifie pour
sauver Callirhoé*, désignée par le sort pour être immolée
et mettre fin à la peste d'Athènes. Le tableau parut au
Salon de 1765. On peut le voir au Louvre : il est plein de
qualités admirables, et il eut un très grand succès, encore
qu'on l'ait trouvé un peu froid d'expression, eu égard à
la perfection de sa technique. Chose singulière, d'ailleurs,
que ce reproche de timidité adressé à un artiste qui
devait être si audacieusement libre dans son vrai genre !
Combien peut paraître aujourd'hui étrange ce reproche

L'ALLÉE DE PLATANES.

adressé à Fragonard d'être un peu trop sage ! Et en effet, cet ouvrage, où l'artiste avait accumulé toutes les ressources de son savoir, était un peu gêné, un peu timoré (1). Diderot, qui fit à ce sujet le « Salon » le plus brillant, remarqua cela avec justesse, au milieu d'éloges enthousiastes. Tel quel, le *Corésus* reste un « envoi de Rome » d'une valeur rare : on y sent l'influence des Italiens, mais avec quelle délicate richesse de coloris !

Fragonard en demeura là, dans le domaine de la peinture officielle. Tout le poussait à s'orienter vers un autre style : son génie secret d'abord, son caractère personnel, que nous pourrions appeler aujourd'hui « très moderniste », la gêne des disciplines qu'il en venait à trop respecter par crainte du blâme, les souvenirs de la vie en plein air à Tivoli, et enfin, le besoin : car le *Corésus* ne

(1) Les Goncourt ont écrit de ce tableau : « Il y a comme un grand cri muet qui se lève de tout ce temple et de cette composition lyrique. Ce cri d'un tableau si nouveau pour le xviii<sup>e</sup> siècle, c'est la passion. Fragonard l'apporte à son temps dans ce tableau plein d'une tendresse tragique où l'on croirait voir la mise au tombeau d'Iphigénie. La fantasmagorie de la *Callirhoé* fait remonter l'art à l'émotion de l'Alceste d'Euripide ; elle montre à la peinture française un avenir, le pathétique. » Ce jugement enthousiaste et un peu *littéraire* ne les empêche pas d'ailleurs d'avouer un peu plus loin que Fragonard, en s'en tenant là dans cette voie, eut « une reconnaissance modeste et sage de sa véritable vocation. Ayant fait ce tour de force, il s'y tenait et ne jugeait pas à propos de le recommencer. Il avait abordé la grande peinture avec des qualités plus éblouissantes que solides, une plus petite scène convenait mieux à son talent... » Et vraiment, c'est là une vérité. Des « tours de force » plus naturels, plus spontanés, attendaient Fragonard.

put lui être payé par l'État qu'en 1773, le trésor était alors vide, et le jeune homme comprit bien vite qu'il ne gagnerait rien dans cette carrière-là. Il revint donc au tableau de genre, qui faisait fureur, en montra déjà un au même Salon que le *Corésus* (l'*Absence des parents mise à profit*, où s'embrassent deux petits amoureux), et tout de suite il eut des commandes. Dès 1767, il exposait une tête de vieillard et un plafond (*Amours dans un ciel*), commandé par le financier Bergeret, que Boucher lui avait fait connaître, et qui devait être un de ses plus zélés protecteurs. En 1769, Fragonard n'exposa même plus. Diderot se fâcha, Bachaumont écrivit cette phrase sanglante : « On prétend que l'appât du gain l'a détourné d'une belle carrière, et qu'au lieu de travailler pour la gloire et la postérité, il se contente de briller dans les boudoirs et les garde-robes. »

En réalité, Fragonard, devenu « le galant Frago », cherchait là, en effet, non « l'appât du gain », mais de quoi vivre, et il allait y trouver sa vraie et durable gloire. Les amateurs le sollicitaient, imposaient leurs goûts. On aurait tort d'imaginer un Fragonard désolé de renonce « au grand art », d'avilir son pinceau, en gardant le rêve des hautes destinées. Ce garçon spirituel, sensuel, n'emporta pas de regrets de l'Académie et du genre pompeux. Il était trop coloriste, trop fin, pour ne pas se sentir capable d'être grand dans de petits sujets. Il adorait le plaisir, tout en travaillant extrêmement, et son parti fut pris sans regret. Quand il toucha le prix du

LE CONTRAT

*Corésus*, il y avait six ans que Frago était célèbre, et que sa vraie vie d'art était décidée. Ayant payé son tribut à l'École, il la quittait joyeusement.

Dès lors commença cette existence entre toutes caractéristique de l'artiste français au xviii° siècle, et déjà si contemporaine cependant qu'il n'y a guère entre elle et celles de nos artistes d'aujourd'hui, que des nuances tout extérieures, des variations de sujets et d'accessoires.

Les *Hasards heureux de l'escarpolette* inaugurèrent véritablement la grande vogue de Frago. On connaît la célèbre estampe de De Launay qui popularisa cette toile dont un seigneur avait dicté le sujet à Doyen qui, effaré, l'avait cédé à Fragonard ; celui-ci s'en tira à merveille. Il y a déjà là toutes ses qualités, l'esprit, le dessin saisissant, les intentions libertines mais nuancées de grâce tendre, le coloris d'une exquise harmonie, un sentiment de la nature beaucoup plus vif que chez tous les contemporains, et surtout une tonalité dorée, un peu fauve dans les roses, avec une opposition de tons froids, qui sépare complètement Frago des gammes de son maître Boucher, dont il n'a plus ni la mièvrerie ni l'aspect de porcelaine, tout en en gardant l'éclat. On sent là on ne sait quelle ardeur sourde, quelle distinction du ton, dont le souci est tout à fait devenu le nôtre.

C'était à ce moment une frénésie de luxe artistique qui s'emparait de la cour et de la ville. Seigneurs et financiers, tous voulaient un hôtel de style délicat, des meubles rares, des décorations et des toiles. Fragonard fut donc recherché à l'envi. Il répondait trop aux désirs de son temps pour que chacun ne souhaitât pas quelque œuvre de sa main. Beaujon, Bergeret, Randon de Boisset, Bouret, fermiers généraux ou financiers, rivalisaient avec MM. de Véri, de la Reynière, de Grammont, de Chabot, de Senneville, de Sireul, de Boynes, de Vence, de Brissac, avec le fermier Varanchan de Saint-Geniès, le notaire Duclos-Dufresnoy, l'amateur Watelet, l'architecte Trouard, le peintre Baudoin, le graveur de Launay. Ils achetaient des paysages, l'*Amour vainqueur*, le *Verrou*, le *Père de famille*, l'exquise *Visite à la nourrice*, la *Fontaine d'amour*, des têtes, la *Fuite à dessein*, le *Réveil de la nature*. Toute cette série est d'une exécution extrêmement serrée, d'une science presque sévère, qui contraste avec le sentimentalisme galant, la préciosité allégorique des sujets. Mais bientôt Fragonard, cédant à son extraordinaire facilité, en vint à quitter cette manière de perfection minutieuse pour ne plus donner que des esquisses, très largement traitées. Et c'est là qu'il se révèle le plus admirable.

Rien de plus beau, au sens strictement pictural, que ces compositions moins finies où se décèle la fougue de sa nature. Un grand peintre apparaît, et la hardiesse de l'exécution, la largeur des plans, l'intensité de la couleur, enlèvent aux sujets leur mesquinerie que soulignait trop la précédente manière trop serrée, trop patiente. L'artiste alors dépasse son époque et son genre. Il atteint au grand style dans des sujets badins, il se ressent de Rubens, de

LA BONNE MÈRE.

Jordaëns, dans ses nus, de Maës dans ses jeux de lumière, de Terburg même dans son dessin d'étoffes. Il a vu ces maîtres, les a compris, assimilés, recomposés. Il reste Frago, mais un Frago décidément enfui de l'Italie académique et hanté du coloris chaud et sombre de l'art septentrional ou, subitement, par un retour de sa maîtrise, de l'éclat des Vénitiens ou de la suavité de Murillo. La touche est grasse, violente et savoureuse, les contours perdent toute sécheresse, les lumières se vaporisent, les ombres suggestives sont ardemment colorées, le chant des tonalités s'éveille, une indication apparente contient tout ce qu'une vaine science y eût ajouté en lui ôtant son charme imprévu, les nus sont puissants. On dirait que derrière la sensualité du sujet il y a une beauté picturale qui préside à un second tableau élevé à la pureté du grand art éternel, et surtout ce qui place ces prodigieuses esquisses très au-dessus de leur époque, c'est l'intense sincérité qu'on y sent, la vibration d'un être voluptueux et nerveux qui comprend la passion à un point que le libertinage méconnaîtra toujours. Par là il y a quelque chose d'instinctif, de naturel et de profond dans Frago, de profond comme il en advient dès que l'artiste dépasse la vie extérieure et touche à un ressort secret du corps ou de l'âme. On ne songe plus à sourire devant l'esquisse de l'*Instant désiré* : le mouvement est si ardent qu'il fait penser. L'élan des amants courant à la *Fontaine d'amour* a quelque chose de fatal, une tension impressionnante des corps jeunes et sveltes. Le *Vœu à l'amour* est un rêve de colorations vaporeuses. Mais quelle langueur, quelle étude presque cruelle de la femme, sous cette grâce fade, quelle troublante intention d'artiste sensuel! Cette époque de Fragonard est peut-être la meilleure de toute sa vie.

Le *Coucher des ouvrières en modes* est un chef-d'œuvre absolu au strict point de vue pictural : on n'a pas poussé plus loin la justesse des valeurs, la savoureuse originalité des indications, la répartition magistrale des lumières, le sens du groupement. La *Gimblette* est un morceau adorable de couleur, de vivacité, de pénombre amoureuse. Quant à la *Bacchante endormie*, cette minuscule merveille de transparence, où il y a juste ce qu'il faut de matière sur une toile à gros grains, personne n'a dépassé cela en force et en charme. On y trouve l'ampleur de Rubens, un reflet du Corrège, on y prévoit le clair-obscur rosé et perlé de Reynolds. La *Chemise enlevée* est un joyau : impossible de se jouer plus subtilement des nacres pâles du linge et des nacres plus chaudes de la chair dans une ombre plus suave, qui recèle tout un mystère parfumé. Et que dire des *Baigneuses*, au beau mouvement rappelant Rubens et éclipsant Boucher? Ces trois toiles, au Louvre, témoignent d'un peintre immortel, détenteur des plus grands secrets de son art. Il faut joindre le *Début du Modèle*, dont l'élégance, la science et l'esprit confondent, et ces étonnants dessins à la sépia, si nerveux, si larges, si suggestifs, pour comprendre la valeur exceptionnelle de Frago dans son

LE SERMENT D'AMOUR.

temps. L'esprit plus ou moins contestable des sujets n'a rien à voir avec le véritable esprit qui est au bout de son pinceau, l'esprit mis dans un pli, dans la façon de cerner le contour d'un fauteuil, d'éclairer une cassure de draperie. C'est la verve même, soutenue par une puissance native, la divine spontanéité d'un maître pour qui la difficulté n'existe pas, mais qui ne daigne être aisé que devant les plus malaisés problèmes du dessin et du coloris. Il ne recourt jamais au facile, il n'a pas non plus la pédanterie de rechercher les difficultés pour étaler son talent : elles s'évanouissent pendant qu'il improvise.

Relativement à cette incomparable technique, il m'est impossible de résister au plaisir de citer l'une des pages magistrales que les Goncourt ont écrites en cette éblouissante étude sur Frago, qui est une des perles de leur série sur *l'Art au XVIII<sup>e</sup> siècle*. Certains détails peuvent y avoir été, depuis, reconnus inexacts, mais ce que ces grands romanciers artistes ont dit de l'âme et de la technique reste inimitable et définitif :

« Ces petits tableaux si vifs, ces poèmes libres, comment Fragonard les sauve-t-il ? Quel charme met-il en eux pour être leur excuse et leur pardon ? Un charme unique : il les montre à demi. La légèreté est sa décence. Ses brosses n'appuient pas, ses couleurs ne sont pas des couleurs de peintre, mais des touches de poète... le lit est chez lui presque un voile comme le nuage, la femme est une apparition. Sur la batiste bleutée, entre les vagues de soie que font en bouillonnant les lourds rideaux, il ne renverse que des corps de lait à peine rougis aux joues, aux coudes, aux genoux.... Apparences voluptueuses, à la fois confuses et rayonnantes, vagues et magiques diffusions de lumière, académies d'aurore se levant dans un étincelant brouillard matinal, voilà ses tableaux.... Avec leur sang si pâlement rosé, la vie délicate et argentée de leur peau, leurs membres rondissants dans la fluidité du contour, les femmes de Fragonard ne semblent vivre que d'un souffle de désir. Tout s'enfuit, frissonne, se cache à demi dans cette pudeur de sa peinture : l'esquisse, qui fait trembler le nu devant les yeux, et voile la femme avec un éblouissement d'incertitude.

« Un esquisseur de génie, voilà le peintre chez Fragonard. Il éclate dans l'ébauche, il est un maître dans le premier jet, dans la préparation, lorsqu'il improvise des grâces, des nymphes, lorsqu'il fait jaillir des nudités ondulantes de la toile qu'il frappe et touche au vol. De l'huile délavée, des égratignures de pâte sèche qui semblent promener les rayures d'un peigne dans le sens de tous les muscles, de la poussière de pastel dont il paraît poudrer et brillanter ses tons, du maquillage adorable de sa peinture aux ombres bleutées, il sort des bouquets de chair, des morceaux de corps de femme, des rayonnements de peau blondissante qui ont le charme, la douceur, l'harmonieux assoupissement d'une tapisserie de Beauvais passée; c'est le blanc diffus, la fonte nuageuse, le demi-évanouissement des tons qui ne laissent à une trame de soie que le souvenir, la pâle et délicieuse mémoire des

LA FONTAINE D'AMOUR.

couleurs. Peinture mourante, expirante et comme pâmée, toute pleine de la caresse cherchée par les décadences et les plus exquises corruptions d'art ! Quelquefois aussi dans ses corps de femme, il fait passer un ressouvenir de Rubens à travers l'éclat de Boucher : alors ce ne sont plus ces molles paresseuses perdues dans la blancheur des draps et la dernière ombre du sommeil, ces blanches Vénus qu'on dirait sorties tout à la fois de l'écume de la mer et de la neige de blancs d'œufs fouettés, ces déesses blondes et moutonnières dont l'apothéose couleur de matin ressemble au lever de la Duthé. Ce sont des corps vivants, sanguins, ensoleillés : des corps où le pinceau pose, sans les fondre, le vermillon, le bleu de Prusse, le jaune de chrome, pour faire la lumière, l'ombre et le reflet d'un bras ; des corps dont le coude est fait d'un coup de vermillon nageant dans un reflet de pur jaune d'or ; des corps dont le peintre transperce à demi la peau des rouges, des bruns et des verts de l'écorché, de tous les dessous de la vie. Car c'est le miracle de Fragonard : cet accoucheur de songes, avec sa palette de nuages, l'homme de ces tendres esquisses, qui donne aux chairs le glacis bleuâtre ou verdâtre de chairs qu'on voit au travers de l'eau, qui fait de ces femmes nues des fleurs noyées, ce même Fragonard jette tout à coup des tons animés, le coquelicot, le soufre, la cendre verte ; s'emporte dans une gamme de tapage, met le feu à ses couleurs, pique sa toile d'éclairs et de cette main qui tout à l'heure glissait et coulait, empâte de telle façon que la trace de son pinceau reste comme l'indication de l'ébauchoir sur la glaise. Dans cette manière il a laissé des esquisses d'une verve et d'une chaleur inouïes, si carrément touchées qu'elles font penser à la cuiller à pot dont Goya se servait pour ses fresques, des déclarations de berger à bergère d'un coloris brûlé, d'une solidité qui touche au bas-relief, des coins d'intérieur recuits, troués d'un bleu de ciel, d'un azur cru perçant une broussaille fauve, furieux embryons de tableaux où l'on retrouve le soleil des Vénitiens, les rouges sourds, les bruns puissants du Bassan (1). »

Cette haute tenue technique, et la passion à la fois libertine et sanguine de ce Provençal amusé d'une société corrompue et charmante, cette sincérité de désir, tout cela sauve Frago de la médiocrité alambiquée. Et parfois il s'attendrit, son âme a des pudeurs subites, il peint, dans une manière de petit maître hollandais, cette chaste et sérieuse toile du *Contrat*, où vibre une émotion qui s'élève très haut au-dessus des lubricités et du sentimentalisme de son siècle, et où vraiment on sent deux êtres se donner l'un à l'autre du fond de l'âme, en silence, purement.

On raffolait de ces œuvres, mais leur très grande beauté picturale inquiétait certains. On ne comprenait pas toujours, dans ces prétendues « esquisses », la rêverie vaporeuse et les éclairs de puissance, la synthèse des formes, l'audace des tonalités, — les signes du génie. On

---

1) Edmond et Jules de Goncourt, *l'Art au XVIII<sup>e</sup> siècle : Fragonard*, passim.

LES BAIGNEUSES.
(Musée du Louvre.)

Cliché Neurdein.

aimait l'esprit de la composition, on comprenait moins
celui de la facture, l'admirable simplification, l'envolée
de cet art. Et on raillait « le heurté, le roulté, le bien
fouetté, le tartouillis du divin Fragonard ». Ainsi avons-
nous vu contester « l'inachevé » de Delacroix. Par
l'anecdote risquée s'excusait la génialité de celui qu'on
voulait bien appeler « le Chaulieu ou le La Fare de
la peinture » au moment même où, des sujets ressassés
par ces pauvres hères, il tirait le poème le plus intense
et le plus vrai de la sensualité, des troubles de l'adoles-
cence, des langueurs ou des ardeurs de la femme jeune.
L'anecdotier scabreux, familier des coulisses et des boudoirs, était un maître au regard aigu et divinateur,
surprenant l'éveil de la vie et du désir dans ce qu'ils ont
d'éternel.

III

Les succès de Fragonard, et le désir des amateurs,
devaient le conduire forcément à la peinture décorative.
Il en avait les qualités fondamentales, l'improvisation, le
coloris clair, l'harmonie : son stage aux Gobelins, ses travaux pour Boucher, ses études d'après Tiepolo en Italie,
l'avaient préparé à ce genre. Il fut donc tout prêt à entre-
prendre les décorations de salons qu'on lui demanda, et
dont les premières furent destinées au fermier général
Bergeret de Grandcour, lequel avait un goût très vif pour
les peintres, et notamment pour Boucher qui, toujours

obligeant pour son élève, lui fit connaître Fragonard. Dès 1767 figurait au Salon la *Ronde d'amours*, puis quatre trumeaux complétèrent le travail. La ravissante *Fête de Saint-Cloud* est maintenant à la Banque de France. Sa facture très soignée la révèle antérieure aux panneaux de Bergeret. Mais il est à remarquer que les décorations de Fragonard furent plus serrées que ses petites esquisses. Larges par la composition (beaucoup de ciel, de grands arbres grêles, de petits personnages), elles sont peintes plus minutieusement que les toiles dont nous venons de parler. Le baron de Saint-Julien (probablement celui qui commanda l'*Escarpolette*) eut la *Main chaude* et le *Cheval fondu*. Mais Frago allait bientôt avoir affaire à deux amateurs plus considérables : Mlle Guimard, la danseuse, et Mme du Barry.

Dans les intérieurs exquis qui abritaient les amours de ces illustres personnes, il était de bon ton de demander l'architecture à Gabriel ou à Ledoux, les plafonds à Vien ou Hallé, les tableaux à Hubert Robert ou Vernet, les marbres à Clodion, les appliques de bronze doré à Caffieri, les bustes à Houdon ou Pajou, les vernis à Martin, les pendules à Marin ou Falconet, les meubles à Riesener avec ciselures de Gouthière, et les panneaux décoratifs à Boucher ou à Frago, à Frago le peintre fêté, le petit Provençal malicieux, sceptique, effronté et galant, pour qui les coulisses, les boudoirs et les alcôves n'avaient plus de secrets. La Guimard, en 1770, était la coqueluche du Paris élégant : idolâtrée à l'Opéra, elle donnait des soupers

orgiaques et, à son théâtre de Pantin, des parades où elle
ne dédaignait pas de danser des pas d'un caractère spécial
avec son camarade Vestris devant un public de seigneurs
et de jolies filles. Vers 1771, Frago, à qui l'on prête des
relations avec la célèbre danseuse, fut chargé de décorer
le salon de son hôtel de la Chaussée d'Antin, surnommé
le Temple de Terpsichore. Il y fit d'abord le portrait de
la Guimard vêtue en bergère d'opéra, dans des gammes
très claires ; puis il compléta la décoration, aujourd'hui
dispersée chez divers amateurs. Mais, un peu avant la fin
du travail, Frago se brouilla avec son amie. Est-ce,
comme on l'a prétendu, pour des raisons passionnelles, ou
faut-il accepter qu'il se soit, étant d'humeur vive et
aimant, quoique actif, travailler à ses heures, fâché
d'un reproche de lenteur excessive? Le fait est que la
brouille eut lieu et fut portée au dernier point par la
malice du peintre. Grimm raconte qu'il s'introduisit chez
la Guimard et, en quelques minutes, substitua sur son
portrait une grimace de colère au sourire dont il l'avait
parée : de quoi la Guimard, survenant peu après la fuite
de Frago, fut si outrée qu'elle ressembla de plus en plus à
son nouveau portrait, à la grande joie des amis qu'elle
amenait avec elle pour voir les peintures du successeur.
S'étant ainsi vengé, Frago accorda de bonne grâce à
David, qui était venu la lui demander courtoisement,
l'autorisation de terminer ce travail si fâcheusement
interrompu. Devant l'embarras de la Guimard, Ledoux
avait eu l'idée de lui proposer David qui venait, âgé alors

de vingt-cinq ans, de manquer le prix de Rome. David n'oublia pas l'obligeance de Fragonard, et s'en souvint plus tard, en des heures tragiques. Il acheva les décorations de l'hôtel, que la Guimard, gênée, dut mettre en loterie en 1786, et qui a fini par être démoli après la mort de son dernier possesseur, le banquier Perrégaux. Toutefois, Frago avait eu le temps, avant sa brouille, de faire plusieurs portraits de la Guimard (celui de la collection Lacaze, au Louvre, est douteux).

En même temps, Frago entrait en relations avec la du Barry. Celle-ci, ayant reçu Louveciennes en cadeau du roi, le faisait aménager. Drouais lui céda, pour servir de dessus de portes, quatre panneaux qu'il avait achetés à Fragonard : ces panneaux, aujourd'hui perdus, prétextèrent une commande directe à l'artiste. Frago fut chargé de décorer, non le salon du petit château de Louveciennes, mais celui du pavillon spécial construit par Ledoux, et destiné aux « collations du roi ». Cependant, ce furent des peintures de Vien qui ornèrent le salon de ce pavillon luxueux où la du Barry donnait à souper à Louis XV. Le sujet choisi était le *Progrès de l'amour dans le cœur des jeunes filles*. La raison de l'exclusion de Frago n'est pas connue. Il est possible qu'une querelle soit survenue entre lui et la favorite. Il se peut aussi qu'il ait accepté une sorte de tournoi avec Vien, et que celui-ci ait été préféré malgré la vogue de Frago, soit à cause de la faveur de Louis XV, soit à cause enfin du caractère de ses tableaux qui, murmurait-on, répondait au secret désir du roi vieilli. Les compositions de Fragonard sont, en effet, fort décentes auprès de celles de Vien. Quoi qu'il en soit, Vien fit deux panneaux, Hallé et Van Loo complétèrent la décoration, et Frago garda ses toiles sans qu'on puisse trouver trace d'un paiement quelconque. Elles restèrent chez lui durant vingt années, et ce sont celles-là qu'il emporta, aux plus mauvais jours de la Révolution, chez ses amis Maubert qui lui offrirent l'hospitalité à Grasse, dans sa ville natale, à quelques pas de la maison où il était né. Ce sont les célèbres « Fragonard de Grasse », sa plus belle œuvre décorative. En 1899, croyons-nous, leur dernier propriétaire, M. Malvilan, mort en 1903, les vendit à des Américains pour une somme énorme, et il n'en reste en France que le témoignage fidèle des grandes et belles pointes-sèches que M. Malvilan avait du moins commandées à Marcellin Desboutin.

Frago avait décidément moins de chance avec les favorites qu'avec les amateurs! Il n'en avait pas moins fait une merveille. L'*Escalade* ou le *Rendez-vous*, le premier des cinq panneaux, montre la du Barry déguisée en bergère et rejointe par Louis XV travesti en berger galant. Dans la *Poursuite*, l'amoureux serre de près la jeune fille. Dans les *Souvenirs*, ils relisent ensemble, enlacés, leurs lettres d'amour. Dans l'*Amant couronné*, la jeune amoureuse offre à son vainqueur les fleurs symboliques, et pour perpétuer ce doux instant un peintre, dans un coin, les dessine. Et enfin, le cinquième panneau, achevé vingt ans plus tard à Grasse par Frago pour ses

amis Maubert, acheteurs de la série, représente l'*Abandon*
de la jeune fille affaissée au pied de la statue de l'Amour
qui lui montre en riant un cadran, symbolisant l'heure
du bonheur que le temps arrête et qui ne reviendra
jamais.

Fragonard n'a rien fait de plus délicieux que cette
série. On comprend qu'elle ait déçu, par sa tendresse
sentimentale, les vœux de Louis XV et de sa maîtresse,
qui souhaitaient sans doute une œuvre d'un autre caractère pour décorer le théâtre de leurs petits soupers. C'est
un véritable roman que cette suite de panneaux, un
roman d'une grâce exquise, teintée d'une mélancolique
douceur. Les costumes sont décents, les attitudes amoureuses mais pures, et cette impression est encore
augmentée par le coloris suave des admirables paysages
de fond, d'une harmonie rose, pâle, verte et bleuâtre,
avec de grands arbres, des statues, des fleurs, d'une
poésie pénétrante. Nous avons eu la chance de voir ces
panneaux, et vraiment rien ne les transposera mieux que
le divin soupir des *Fêtes galantes* de Paul Verlaine. C'est
une note plus timide, plus réticente que celle même des
pastorales de Watteau. L'*Abandon*, resté inachevé (sépia
avec d'adorables rehauts roses), est d'une poignante douceur. Dans ces œuvres décoratives de grandeur moyenne
(personnages demi-nature), Frago s'est élevé à un
lyrisme voilé qui lui est spécial.

Des dessus de portes, des trumeaux complétaient cette
vaste décoration (les grands panneaux ont $3^m,50 \times 2^m,20$),

Cliché de la « Société des Arts graphiques », Vienne.

SCÈNE DANS UN PARC.

(Galerie de M. Rodolphe Kann, Paris.)

qui trouva sa place toute naturelle dans le grand salon de
la maison Maubert, où Fragonard peignit aussi, en gri-
sailles dans l'escalier, sans doute pour se faire bien venir
en ces époques troublées, des attributs révolutionnaires.

On peut encore mentionner dans l'œuvre décorative de
Frago les *Quatre Religions du monde* exécutées pour
Courtin de Saint-Vincent en son château près de Roanne,
où Voltaire fit plusieurs séjours. Ce sont des compositions
allégoriques finement décoratives, mais dont l'intérêt est
comparativement secondaire. L'ingéniosité extrême de
l'arrangement ne suffit pas à faire retrouver là Frago,
qui n'était guère fait pour la peinture philosophico-reli-
gieuse. Pourtant il y a une certaine beauté dans le panneau de la *Religion africaine*, où se trouve un nu féminin
admirable, et dont tout le style fait penser invinciblement à une « turquerie » des contes de Voltaire. Et on
voit une piquante audace dans le panneau de la *Religion
chrétienne* où le pape est glorifié sur la *sedia*, mais où
s'inscrit, dans un bas-relief, une scène de torture d'inqui-
sition. Ces compositions sont encadrées de guirlandes et
de moulures en trompe-l'œil. On a enfin à faire mention
de trumeaux dans la façon de Boucher (collections de
Polignac, Wallace, South Kensington), mais les attributions n'en sont pas toujours certaines. Nous ne pouvons
plus juger aujourd'hui de la valeur et de l'effet des travaux commencés pour la Guimard, et malheureusement
la série de Grasse est définitivement dissociée, dispersée
en Amérique. C'est un grand malheur artistique que l'État

n'ait pu s'entendre avec feu M. Malvilan pour s'assurer cette œuvre admirable. C'est à elle qu'il faut revenir pour apprécier pleinement Fragonard décorateur. Il a fait des choses plus fougueuses, des paysages plus larges, des figures plus fines, mais il n'a rien peint d'aussi soutenu, rien non plus qui révèle mieux le fond de mélancolie qu'a laissé rarement transparaître sa sensualité, la distinction, le charme tendre, la poésie subtile de son âme à certains jours. Le peintre osé et incomparable des ardeurs de la vingtième année, l'analyste troublant des premières velléités amoureuses de l'âge ingrat, s'est montré là plus capable de passion psychologique que tous les créateurs de son temps. Atténuant le libertinage et généralisant l'allégorie, il a su s'élever à la pensée pure.

Quelle distance parcourue depuis Boucher! C'est là le point essentiel du génie de Fragonard, c'est là ce qu'il portait en lui-même, son rêve que les circonstances, l'entraînement, le goût ambiant lui ont trop peu laissé montrer, c'est là enfin où il s'égale à Watteau, un instant: à Watteau qui, moins dangereusement fêté, et dans une heure plus noblement sévère, put dire toute la mélancolie divine de sa grande âme. De Watteau à Frago, il y a toute la différence de l'amour au plaisir, de la contemplation à la verve, de la pensée à l'esprit, du style au caprice, de l'eurythmie à la grâce vive, de la beauté à l'élégance, toute la distance morale du xvii<sup>e</sup> siècle au xviii<sup>e</sup>. Mais l'*Abandon*, c'est le point de contact de ces deux maîtres, au-dessus de Boucher.

FIGURE DE FANTAISIE.
(Musée du Louvre.)

## IV

Cependant Fragonard commençait à se lasser de la vie
de Frago, qui n'était rien moins qu'édifiante. La nature
raisonnable, l'esprit pratique et rassis du Provençal repa-
rurent en l'artiste, qui songea à se marier. Précisément
la famille Gérard, originaire d'Avignon mais fixée à Grasse,
et amie de la sienne, se proposait de lui confier sa fille
aînée Marie-Anne, âgée de dix-sept ans. La jeune fille,
placée d'abord chez un parfumeur nommé Isnard (probablement parent du fameux conventionnel), s'essayait avec
succès à la miniature, et l'on songeait à lui donner les
précieux conseils de Fragonard. Le maître ne tarda pas à
devenir l'époux de son élève, et le 17 juin 1769 la céré-
monie fut accomplie à l'église Saint-Lambert de Vaugirard.
Ce fut, selon l'usage d'alors, une noce de campagne,
Vaugirard étant une fort agréable banlieue au xviii⁰ siècle.
Avec ce ménage s'installèrent la plus jeune sœur de
Mme Fragonard, Marguerite Gérard, et son jeune frère
Henri, lequel apprit la gravure.

Cette nouvelle existence modifia profondément les ha-
bitudes et le talent de Fragonard. Avec délices, il se
fit villageois, se mit « au vert », et non pas avec la vision
factice des bergerades en vogue, mais sincèrement, en
pleine rusticité. Il eut bientôt des enfants, sa fille d'abord,
Rosalie, qui devait mourir à la fleur de l'âge, puis, en

1780, Alexandre-Evariste, qui fut peintre et graveur. Dans
la vie familiale et champêtre, Fragonard devint presque
un petit maître hollandais. Ses qualités de précision, de
prestesse, son « impressionnisme », car il faut déjà pro-
noncer le mot à son égard, trouvèrent une application
inattendue. Pour la seconde fois le contact de la nature
lui servit. A la villa d'Este, il lui avait évité le péril de
l'académisme : à Paris, il le préserva du maniérisme
excessif auquel son effrayante facilité, et l'encouragement
public, eussent pu le conduire. Cet artiste précieux, luxu-
rieux et complexe se révéla un merveilleux peintre de
l'ingénuité.

Pour décor, sa maison et son jardin ; pour modèles, sa
famille, et il n'en fallait pas davantage. Il fit bien encore,
de temps à autre, des tableautins de son ancien genre,
comme la *Culbute*, si fougueuse, ou le *Verre d'eau* qu'une
soubrette lance si impudiquement vers une beauté effarée
dans le désordre de son lit. Il fallait bien continuer à
flatter les goûts des amateurs généreux. Mais de telles
œuvrettes se font rares dans la production de Frago, dont
le gracieux génie est tout entier séduit par la mutinerie
de l'enfance, et dès lors commence une série exquise, où
la composition, la couleur, les attitudes, la technique
atteignent à la perfection. Ainsi *l'Education fait tout*, où
les enfants apprennent au chien de la maison à faire
l'exercice ; *Dites donc, s'il vous plaît !* où la jeune mère
distribue le goûter ; l'adorable *Fillette aux chiens noirs*,
qui berce les deux bestioles en un geste qui découvre sa

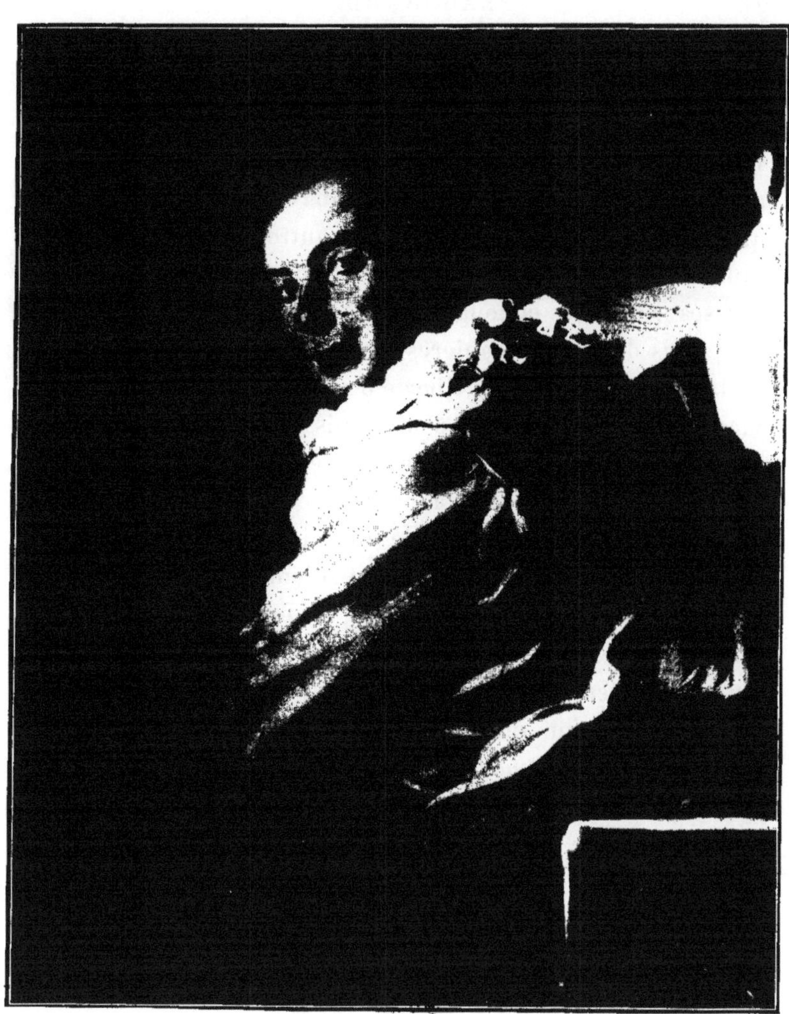

LA MUSIQUE.
(Musée du Louvre.)

Cliché Neurdein.

4

Sans nul doute, ce caractère équilibré et adroit savait, selon les acheteurs, varier son style tout en restant soi-même. Aux uns les tableautins très faits, presque des vignettes, prêts pour la gravure, avec des détails très arrêtés, pourtant sans fignolage et sans cet aspect horrible que nous appelons « le léché ». Aux autres, plus artistes, plus amateurs de technique que de sujets, les belles esquisses rutilantes et fougueuses. Aux autres enfin, à la fois épris des deux manières ou peut-être craignant la sécheresse de l'une et la liberté de l'autre, une troisième façon faisant utilement le compromis souhaité. De là ces petits chefs-d'œuvre de grâce stricte où le plus sévère professeur n'aurait rien à reprendre et où, en même temps, la gaîté, l'humour, le libertinage de Frago se donnent carrière en narguant l'art solennel.

Ces tableaux campagnards, de la plus haute valeur, sont parfois encore grivois ou presque. Si Frago peint la *Culbute* ou les *Pétards*, pour continuer à plaire, mais songe à des sujets moins osés, il ne se prive pas cependant de peindre *Annette à vingt ans* poursuivie par un amoureux, ou la *Leçon de danse*.

Frago, même aux champs, reste Frago. Seulement ce n'est plus l'allégoriste vicieux, tel que le souhaitait une société affinée et corrompue : c'est un sensuel galant, aimant la naïveté, la gaucherie des demi-aveux, et les mêlant à la bonne humeur de la vie au grand air. Le cadre de ces scènes n'a rien de commun avec les décors de bergerades du xvii<sup>e</sup> siècle. Les bergers de Fragonard n'ont pas de

Cliché Neurdein.

LA CHANTEUSE.
(Musée du Louvre.)

rubans à leurs houlettes et ne soupirent pas dans des paysages conventionnels auprès de moutons d'ouate et de soie. Le réalisme intense des costumes, des accessoires, témoigne chez l'artiste de la profonde influence des Hollandais. Les meubles de ses intérieurs, les ustensiles de ses fermes, les nippes de ses bambins nous donnent des documents parfaits sur l'ancienne France provinciale, documents qu'au xvii° siècle nous chercherions en vain dans les tableaux, où tout est arrangé, stylisé, enjolivé et affadi, et que nous n'aurions pas sans les dessins et les estampes où le réalisme dédaigné pouvait seulement trouver place.

Cette période rustique du talent de Fragonard est vraiment celle où il a été lui-même le plus naturellement, au point de vue pictural comme à celui de son tempérament personnel. Sa native licence de Provençal y dépouille ce que le désir de plaire aux citadins lui avait ajouté d'un peu inquiétant, et elle se débarrasse d'un maniérisme qu'elle ne comportait pas. Il y a d'ailleurs toujours dans l'œuvre de Fragonard quelque chose d'énergique, un accent vif et sincère, une autorité d'allure qui le différencie profondément des mauvais mythologues, des galantins symbolistes que furent les poètes des ruelles et des boudoirs à son époque, dont les productions nous apparaissent écœurantes et illisibles, décrépites et non surannées. Il faut placer Fragonard très au-dessus de tout cela : ce grand peintre, ravalé à de petits sujets, n'a pourtant jamais su être médiocre ni suspect. Son intense vitalité relève tout ce qu'il touche.

Comme presque tous les grands peintres, mais plus
curieusement dans une époque sans foi, Frago, comme
son maître Boucher, fit de la peinture religieuse, avec
l'indifférence des peintres-nés pour les nuances morales
des sujets, ne voyant dans tous que des motifs de couleur. Depuis les primitifs italiens, vraiment inspirés d'une
croyance ascétique ou tendre, que d'artistes ont ainsi
traité les sujets religieux sans aucune conviction morale
ou théologique ! Pas plus que dans Rubens il ne faut
chercher en Fragonard la préoccupation mystique, autre
chose que des thèmes picturaux, une riche matière à
illustrations d'un culte qui, dans cette époque de
complet scepticisme, ne devenait plus qu'une légende
mouvementée et célèbre. Mais pourtant Frago fut
plus sérieux en ce domaine que l'insupportable Boucher qui transforme ses amours joufflus en anges, les
enlève sur des nuages de poudre de riz vers un ciel
d'opéra, et mettrait du rouge et des mouches à la Sainte
Vierge ! Évidemment il ne manque souvent qu'un car-
quois aux angelots de Fragonard pour en faire des
cupidons, et quand il peint saint Jean, on le prend pour
Daphnis ; mais l'*Éducation de la Vierge*, avec son beau
tumulte d'ombres et de lueurs, l'indécision exquise de
l'enfant divine, la grâce mélancolique du mouvement de
sainte Anne, est une toile dans le sentiment de Murillo,
avec une belle opposition de blanc et de nuées rousses ;
et il paraît, si l'on en croit les chroniques du temps, que
l'*Adoration des Bergers*, au marquis de Véri, était une

LES HASARDS HEUREUX DE L'ESCARPOLETTE.

œuvre admirable. Elle a disparu. Mais on retrouve trace de la *Visitation de Sainte Élisabeth à Marie*, qui passa des mains de M. de Grammont à celles de Randon de Boisset, du prince de Conti, de M. de Calonne. Fragonard a fait plusieurs répliques avec variantes de cette œuvre dont les experts vantent, dans les catalogues du temps, la finesse de touche et la magie lumineuse. Frago affectionnait ces effets de nuages surnaturels encadrant les saintes figures. Il n'est pas douteux qu'il ait déployé là ses talents habituels de coloriste; et on doit présumer que ses tableaux religieux, s'ils manquèrent de vraie mysticité, en eurent du moins autant que bien d'autres, sinon par la roi, du moins par l'intelligence de l'arrangement et des expressions. Mais nous ne sommes plus ici avec le véritable Frago.

Le caprice de sa production mêlait toutes ces choses. D'une scène champêtre, d'un grenier aux ombres dorées où jouaient des enfants potelés, d'une basse-cour tumultueuse de chiens, chats, pigeons et poules (l'une d'elles a été gravée magistralement par Saint-Non), d'une maternité égayée, le peintre passait à une scène religieuse, puis à la *Culbute* de deux amoureux de village renversant, dans leur ardeur, le chevalet d'un peintre ébahi. Du *Verrou*, il faisait tranquillement le pendant, chose presque incroyable, du *Contrat*, cette œuvre calme et chaste. Si celle-là rappelle Terburg, la *Déclaration* a la tenue harmonieuse et froide de l'école intimiste anglaise, et la *Leçon de musique* du Louvre, avec ses chauds dessous de terre de Sienne, est encore différente, ainsi que l'*Enfant mort* de la collection Walferdin, une des rares notes graves de cette œuvre de joie. C'est vraiment là l'expression de l'indépendante diversité d'un étonnant producteur qui, à sa guise et sans cesse, précise au bout du pinceau tout ce qui l'impressionne dans la vie extérieure, avec une désinvolture suprême. Quelques perles dans cette série : la *Rêveuse*, l'*Enfant blond*, poèmes de chair fragile, d'ingénuité et de grâce, les *Deux Sœurs*, le *Baiser d'enfants*, que personne n'a dépassé en maîtrise et en charme.

Presque toujours le paysage préoccupa Fragonard, et il tint une place importante dans ses peintures de cette époque ; dans ses études de *Laveuses*, d'*Étuves de blanchisseuses*, d'*Abreuvoirs*, de *Vaches au gué*, les fonds sont vivants et mouvementés, et l'on y sent à la fois l'influence persistante de Tiepolo dans les effets de vapeur, et des Hollandais dans le souci de la composition réaliste extrêmement précise. Il faut noter avec insistance en Fragonard cet amour des enveloppes vaporeuses, il est significatif, dans son époque et quant à lui-même. Il est certain que Fragonard se préoccupait vivement du plein air et des réactions de la lumière naturelle sur le coloris des figures, et cela non seulement *dehors*, mais dans l'*intérieur*. Fils d'une contrée où, en toutes saisons, la vaporisation des lumières diffuses tient de la magie, il avait sans nul doute la perception très nette d'un art pareil à celui qu'a réalisé notre impressionnisme actuel, l'aversion pour la lumière conventionnelle d'atelier, avec laquelle on éclairait des figures posées qu'on adaptait ensuite tant bien que mal à un fond de paysage traité comme une tapisserie. Ce que le génie de Watteau avait pressenti, comme celui de Ruysdaël, mais en cherchant à résoudre le problème par la fragmentation des tonalités, Frago le cherchait, comme les Vénitiens, par l'enveloppe, c'est-à-dire par l'interposition d'une zone de radiations diffuses entre les silhouettes et les fonds, de manière à créer une relation constante entre les personnages et l'atmosphère. Watteau mêlait les colorations des costumes, des chairs, des paysages et des ciels de façon à constituer une harmonie en faisant sentir dans toutes ces parties du tableau le rappel mutuel de ces colorations, et il arrivait ainsi à suggérer les influences de la lumière sur toutes ces parties. On peut donc dire que si Watteau est un précurseur de l'impressionnisme par sa façon de peindre, Fragonard en est un autre, et presque aussi nettement que Watteau et Ruysdaël, par sa façon de supprimer les silhouettes, ou du moins, et cela revient au même, de les amplifier et de les mêler à l'ambiance par des vibrations de tons intermédiaires. Ses nuées, ses vapeurs, c'étaient les marques visibles de cette préoccupation chez lui. Cela, et la qualité de ses ombres, qui ne sont pas des noirceurs lourdes, comme chez tant de peintres pour qui l'ombre est simplement l'absence de lumière, et qui s'en servent pour rendre aisément leurs lumières plus vives. Les ombres de Frago sont des lumières d'une qualité différente, c'est-à-dire la vérité, car dans la nature une ombre n'est pas soustraite au jour, elle n'est pas une tache de nuit, elle est pénétrée de reflets vibrants ; entre l'endroit ombreux et nos yeux il y a l'atmosphère diurne qui seule nous permet de voir cet endroit, et par conséquent l'objet à l'ombre est encore vêtu d'une lumière, sans quoi nous ne le percevrions pas. C'est simplement la disposition des plans qui fait qu'à cet endroit ou sur un côté de cet objet les tons nous apparaissent différents de ceux des parties éclairées. Ces observations d'optique, Frago les a merveilleusement prévues et notées. Qu'on compare les *Baigneuses* de Fragonard à l'admirable bacchante endormie de Watteau ; que dans cette même salle Lacaze, sur le même panneau, on compare encore à la bacchante de Fragonard, et on arrivera à comprendre que Frago, plus encore que Watteau, est l'initiateur de nos plus modernes recherches. Le morceau de Watteau, splendide, est moins baigné d'atmosphère et de reflets que ceux de Frago ne le sont, grâce à sa préoccupation de l'enveloppe — et on comprendra enfin et surtout la filiation logique, classique et française de cet art impressionniste que l'École a excommunié, et qui a ses références authentiques en plein Louvre. Une visite au Louvre, la consultation de Rubens, Lorrain, Watteau, Fragonard, est la meilleure justification de ce dernier grand mouvement français, rebelle aux éléments italo-académiques et remontant aux vraies sources classiques du génie national.

On manque de détails sur un voyage de Fragonard aux musées de Hollande. Il n'est cependant pas douteux qu'il en ait fait un, quoi qu'en aient dit certains biographes, notamment, je crois, M. Virgile Josz, alors que le baron Portalis se rallie à l'hypothèse du voyage. Il se fonde avec raison sur les dessins d'après la *Garde de nuit* de Rembrandt et le *Repas de la Garde bourgeoise* de Van der Helst, qu'on signale à une vente de 1778, et que Frago n'a pu faire qu'à Amsterdam. Thoré-Burger, en étudiant les paysages recueillis dans la collection Walferdin, est du même avis sur une étude très sérieuse faite par l'artiste, non seulement d'après ce qu'il eût pu voir à Paris, mais en Hollande même. Fragonard adorait les maîtres de ce pays, vers lesquels l'entraînait son goût de la précision, du réalisme et des atmosphères moites et floconneuses si intensément exprimées par Wynants, Pieter de Hooghe, Van der Meer de Delft, Hobbema, Ruysdaël. J'ai passé plusieurs saisons en Hollande, j'en ai passé à Grasse, où j'écris ce livre au milieu du paysage natal de Fragonard : rien n'est plus semblable à un couchant sur la Meuse ou l'Amstel, aux matins laiteux du Zuyderzée, que les matins sur l'Esterel et les grands vols de nuées sur la plaine de Cannes à Grasse, et la grisaille argentée et verte des oliviers, déferlant comme une mer intumescente et moelleuse, évoque invinciblement la coloration des polders. Il faut avoir séjourné assez longuement dans ces deux pays pour être convaincu de cette analogie qui paraît bizarre entre la Riviera française et la patrie de Ruysdaël.

Il y a même une grande ressemblance psychologique entre un habitant de Grasse et un de Delft ou de Haarlem. Fragonard obéissait à une affinité mystérieuse en cherchant à pénétrer la manière de ces maîtres paysagistes qui réalisaient l'idéal de sa technique : rester large dans le fini minutieux. Le Carpentier, en 1821, biographiant Frago, notait son désir « d'imiter, à tromper, Ruysdaël », et il a peint certains paysages à ciels orageux tout à fait dans la façon de Ruysdaël et d'Hobbema, avec des personnages et des animaux.

Je crois être le seul de mon avis, mais n'hésiterai pourtant pas à dire qu'il y a de profonds rapprochements à faire entre les paysages de Fragonard et ceux de Gainsborough, dans la période où ces deux artistes s'inspirèrent des Hollandais, et je pense que Charles Blanc a eu raison en pressentant déjà Old Crome et Constable, voire même le Turner des dessins, dans les paysages de Fragonard. Il y a là une lignée, de Ruysdaël à Turner, où Frago doit être intercalé : et cette lignée hollando-anglaise est parallèle à celle qui relie à Ruysdaël Claude Lorrain, Poussin, puis Turner et Bonington qui préparent Corot venu de Ruysdaël, Claude Monet venu de Turner, Monticelli, Jongkind... Ainsi Frago est placé à l'intersection de cette double généalogie des grandes écoles septentrionales du paysage, et avec quelle vision juste, délicate et sérieuse ! Il était trop foncièrement doué pour que sa propension à imiter par admiration lui pût faire tort, et l'étude, l'influence des Hollandais lui a été excellente. Évidemment,

LE COLIN-MAILLARD.

il est moins personnel dans le paysage que dans sa peinture de genre; mais ce virtuose versatile, véritable Protée
pictural, où le prendre? Frago est partout dans son œuvre,
jamais absolument. Amoureux, agreste, allégorique,
tendre, violent, suave, on ne sait à quoi le limiter, mais
ses deux grands caractères généraux dans la technique,
la précision et la verve, demeurent sous tous les caprices
de son abondante fantaisie, et sa tradition italienne et hol-
landaise ne se dément pas. Au fond, le paysage de Grasse
est presque celui de Fiesole avec la netteté des détails et
pourtant la lumière diffuse des bouches de la Meuse, du
Rhin et du Wahal : Fragonard est la preuve vivante de
ces identités.

## V

Ses miniatures, car il s'y divertit, sont des esquisses
ravissantes. Mais il était trop fougueux pour s'astreindre
aux retouches, aux repentirs que nécessite la lente
approche de la ressemblance. Il faisait large dans un cadre
minuscule, ne pouvait se décider au style spécial de cet
art délicat. On l'a mis en parallèle avec le célèbre minia-
turiste Hall, qui fut son ami et son admirateur. Les Goncourt ont, dans un morceau brillant, donné les raisons
de leur préférence pour Fragonard, plus vivant, plus
coloriste, et Frédéric Villot, au contraire, a loué Hall d'être
plus vrai, plus scrutateur des ressemblances profondes. Il
semble certain que Frago traita en effet la miniature

comme un peintre, avec fougue et esprit, mais sans grand
souci de portraitiste. On a de lui des miniatures d'enfants,
elles sont séductrices, mais toutes les têtes se ressemblent.
Elles ont beaucoup d'analogie avec les petits Greuze.
Hall consacrait toute sa vie à un genre qui ne fut pour
Frago qu'une distraction. Il ne semble pas qu'il ait, même
dans ses portraits peints, témoigné d'un souci bien vif de
l'approfondissement psychologique de ses modèles. Une
note de Hall, prise dans son inventaire, est à ce point de
vue très significative. Il mentionne « une tête d'après
moi, dans le temps qu'il faisait des portraits au premier
coup pour un louis ». On peut penser que Fragonard
voyait dans ces portraits « au premier coup » le plaisir
d'une étude, exercice excellent d'ailleurs, et y attachait
assez peu d'importance pour s'estimer assez payé par un
louis et l'agrément d'une heure de travail. Ainsi consi-
dérés, ses portraits sont d'ailleurs surprenants d'énergie
et de construction. Il devait, grâce à sa maîtrise, établir
très sûrement une ressemblance, mais ne s'intéresser
point à la parfaire, son imagination s'astreignant mal à la
réalité. C'est encore un de ses traits singuliers, cette
impatience devant une figure, alors que ses paysages et
les détails de ses tableaux de genre sont si soigneux, si
caressés — et c'est encore un trait « impressionniste » de
cette nature composite, emportée, multiforme, avec un
imperturbable bon sens au fond.

Ses figures de la galerie Lacaze sont-elles des portraits,
ou simplement des études? Elles sont d'un mouvement

endiablé, d'une facture vibrante, nerveuse, d'une couleur
vive, d'un amusant bariolage de touches qui forme le plus
curieux contraste avec ses petites toiles de la même collection. L'écrivain en costume jaune à crevés rouges, la
tête retournée d'un mouvement ardent, la main gauche
crispée, est titré *l'Inspiration*. C'est un superbe morceau
de peinture, dont la fougue fait songer à Frans Hals ;
c'est vraiment d'un maître, avec de belles oppositions
franches et une expressivité du moindre pli de vêtement ;
c'est bien l'homme surpris dans la fièvre du travail et le
pourchassement de l'idée. Le joueur de guitare, d'une
facture spirituelle, est le portrait de M. de La Bretèche,
peint en 1769 « en une heure de temps ». C'est peut-
être ressemblant, mais peut-on appeler cela un portrait?
Je me pose la question avec le baron Portalis, et sans
doute a-t-il raison en disant que, portraits ressemblants
ou non, ces beaux morceaux faits d'après des amis furent
simplement des dessus de portes, avec la jolie musicienne
à collerette qui personnifie le *Chant*, et l'étude de jeune
homme qui complète la série. Ce sont des œuvres de décorateur avant tout. Plus étudiés furent l'*Acteur* et la *Can-
tatrice* de la collection Vallet, qui soulevèrent l'enthou-
siasme en 1884. La virtuosité superbe s'y révèle, et on
reste confondu en pensant que le même homme a pu
faire ces Hals français, car c'est le vrai mot, et les figures
serrées, grises et subtiles de la décoration de Grasse. J'ai
parlé des portraits de la Guimard ; celui « à la grimace »
n'est plus connu, en admettant que l'anecdote de Grimm

soit vraie. Il existe des portraits de la célèbre courtisane
Duthé, qui passait pour aussi sotte que jolie, de l'actrice
Mlle Olivier (sanguine et pastel), et on compte parmi les
chefs-d'œuvre de Fragonard les deux *Études de jeunes
filles* de la collection Nathaniel de Rothschild, où l'éclat
de Rubens se francise délicieusement. L'une a une fan-
chon blanche, l'autre des rubans ponceau. La *Rêveuse*,
avec son chapeau de paille doublé de soie verte, est un
morceau qui fait penser à Reynolds. Quant aux portraits
d'hommes, il faut citer la belle esquisse d'après Diderot,
la tête de la collection Malvilan, qui est, prétend-on,
Chardin, et, pour mémoire, de fort médiocres effigies des
princes de la maison de Bourbon qu'on voit à Chantilly,
copiées sur des originaux anciens et pastichant la peinture vieillie. Ce travail fait sans goût ne peut compter
dans l'œuvre véritable de Fragonard.

Quant aux dessins, M. Groult a réuni dans sa très belle
collection les portraits de Mme Fragonard, avec sa grosse
figure commune; de sa sœur, Marguerite Gérard, qui
devint très jolie à vingt ans; de Rosalie, fille du peintre;
d'Alexandre-Evariste et de Fragonard lui-même. Le portrait du Louvre est lourd. La collection Kestner compte un
portrait délicat de Fragonard assis, peint par Mlle Gérard
probablement, car il rappelle une miniature qu'elle fit de
son beau-frère, et dont Le Carpentier se servit pour
graver une figure de Fragonard à l'eau-forte. Ceci nous
conduira à dire quelques mots des eaux-fortes de Fragonard, qui en fit aussi, en petit nombre, mais excellentes,

comme tout ce qu'il entreprenait. Outre les premières
planches signées par Marguerite Gérard (le *Chat emmail-
loté*, *Fanfan et Polichinelle*), que certainement il retoucha
et fit siennes, outre les croquis prestement enlevés avec
Saint-Non en Italie, Frago fit une série de croquis d'après
les maîtres italiens, Tintoret, Tiepolo, Lanfranc, Car-
rache, Guerchin, Pierre de Cortone, et en grava plusieurs
en 1764, et à cette même époque signa quatre petites
scènes antiques, *Jeux de satyres*, qui sont célèbres à juste
titre et d'un métier parfait, et que les Goncourt décri-
vent ainsi, d'une plume aussi sûre et fine que le burin
même :

« ...Là, à l'ombre, et comme sous le penchement d'un
roseau incliné laissant pendre les lances brisées de ses
feuilles, un satyre soulève une enfant et lui fait donner
sa petite main à un faunin que tient une petite nymphe
agenouillée d'un genou, toute riante de l'ingénuité d'un
jeune corps antique.... Dans le cadre écorné par les bran-
chages que l'on voit après, un satyre, une jambe levée et
piaffant la mesure d'une *cordace*, serre contre lui deux
enfants dormant sur ses épaules et dont les petites têtes
laissent passer son sourire de nourrice ivre; devant lui,
précédée d'un faunin, les jambes, les bras en l'air, folle de
tout son petit corps, une nymphe, comme envolée dans sa
danse, un pied jeté en avant, la poitrine et la tête
retournée en arrière, élève des deux bras en l'air la musique d'un cistre. Idées légères comme les plus légères de
l'Anthologie ! Bas-reliefs délicieux auxquels la pointe du

graveur a fait un si joli cadre de verdure, de nature, d'abandon et de désordre! Ne dirait-on pas de divines terres cuites tombées dans l'herbe du socle d'un Priape? Ou plutôt, avec leur entourage de mousse, de liserons, de fraîcheur aquatique, ne font-elles pas penser à des pierres gravées ramassées par le peintre français dans la grotte des nymphes où se baignait Chloé (1)? »

Les *Traitants* font penser à Rembrandt. L'*Armoire*, de 1778, est la pièce la plus importante. Son sujet rappelle les scènes badines du Frago des débuts : un jeune coq de village, surpris par de furieux parents, sort tout penaud de l'armoire où il s'était caché, pendant que dans un coin leur fille pleure. L'eau-forte est d'une maîtrise prestigieuse. Il faut nommer aussi l'allégorie à la gloire de Franklin que Frago improvisa et tira devant le célèbre physicien qui venait visiter le Louvre, pièce importante mais sans rapport avec sa manière ; et enfin la protection du fermier général Bergeret de Grandcour, qui invitait Frago et les siens à la Folie-Beaujon, et au fils duquel Mlle Gérard donnait des leçons, amena l'artiste à exécuter un grand nombre de croquis au crayon et de dessins à l'encre de Chine d'une intimité, d'une justesse et d'un esprit ravissants. Entre sa femme, dont les miniatures honorables plaisaient, et sa jolie belle-sœur, dont le talent froid, mais délicat, grandissait sous sa direction, le spirituel Frago était le bien-

_______

(1) Les Goncourt, *Fragonard*, passim.

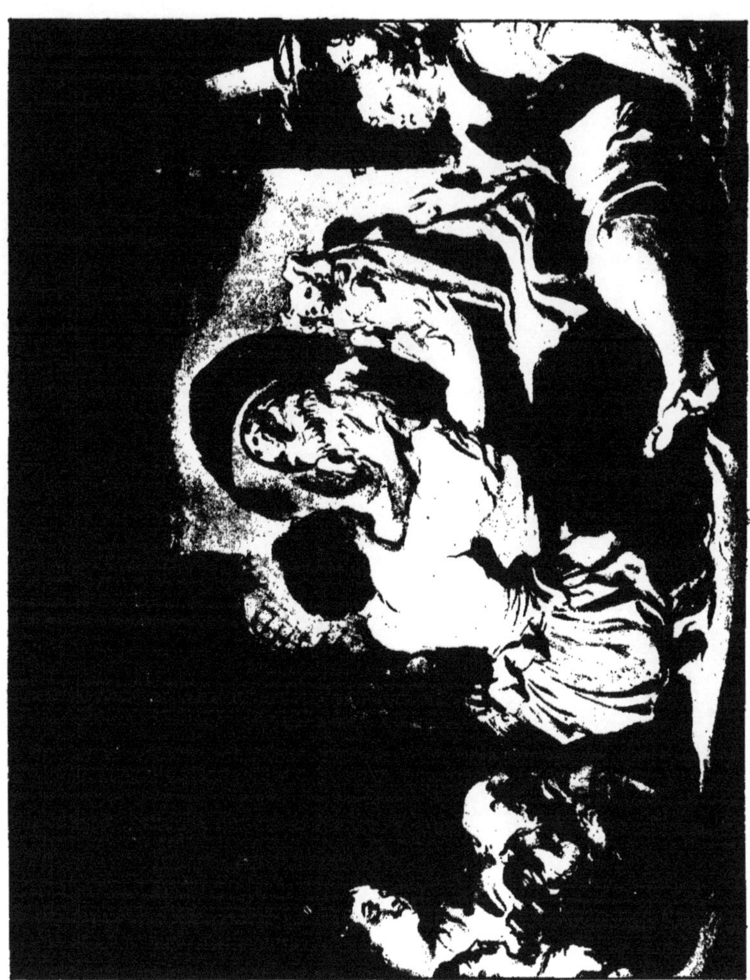

L'ÉDUCATION FAIT TOUT.

venu chez son Mécène, qui l'admirait, et de cette aimable
réunion naquit l'idée d'un voyage en commun en Italie,
en 1773.


## VI


Le voyage en Italie était alors le passe-temps de choix
des riches amateurs d'art, qui emmenaient avec eux des
artistes. Ainsi Randon de Boisset avait emmené Boucher,
Greuze était parti avec l'abbé Gougenot, Cochin avec
M. de Vandières, frère de la Pompadour. Bergeret de
Grandcour, opulent fermier général, trésorier de l'ordre
royal de Saint-Louis dont il était commandeur, était un
fort brave bourgeois un peu vaniteux qui s'intéressait
passionnément aux arts, étant même associé libre de
l'Académie de peinture. Son goût pour le talent et la
personne de Frago vaudront à son nom d'être un peu lié
à celui de son illustre protégé, et son *Journal de voyage*,
retrouvé par la *Société des antiquaires de l'Ouest*, cons-
titue un document très amusant et très pittoresque sur
cette figure de financier du xviii⁰ siècle, sur les amateurs
de ce temps et sur l'Italie vue par un bourgeois de Paris,
beaucoup plus à vrai dire que sur le voyage de Frago
lui-même. Cicerone, dessinateur de l'expédition, Frago
est assez peu mentionné par Bergeret, qui, rédigeant
pour ses nièces, dit surtout ses impressions personnelles
sous un « nous » où il faut souvent deviner l'influence de

son compagnon dans les jugements d'art, mais non dans les naïfs tableaux de mœurs.

Fragonard, enchanté de revoir, après douze ans, sa chère Italie où il allait revenir glorieux, partit avec sa femme, Bergeret et son fils, une gouvernante, des domestiques, et un cuisinier dont le méfiant amphitryon n'eût su se passer dans les auberges. Après un séjour dans une terre de Bergeret, Négreplisse près Montauban, qu'atteste une alerte sépia du *Four banal* par Frago, la caravane passa par Toulouse, Nîmes, Aix, Marseille, la Provence, sans pousser jusqu'à Grasse, et s'embarqua avec ses berlines et ses bagages à Antibes, pour gagner Gênes. Le mauvais temps la fit s'arrêter à San Remo, et de là tous s'acheminèrent à mulets. De Gênes les voyageurs se rembarquèrent pour Lericci, en felouque, furent à Pise, Florence, Sienne, Viterbe, et enfin Rome où ils touchèrent après deux mois de voyage et une foule d'incidents drôlatiquement notés par Bergeret. La première visite fut pour Natoire, qui dirigeait toujours l'Académie et que son élève devenu célèbre eut plaisir à retrouver, puis les invitations commencèrent et les voyageurs connurent la fastueuse hospitalité du cardinal de Bernis, ambassadeur, qui se vantait de « tenir l'auberge de France du carrefour de l'Europe ». Bergeret s'installa bientôt dans un palazzo et tint à honneur d'y recevoir et d'étaler sa générosité. Ses relations avec l'Académie furent charmantes. Il y connut, en compagnie de celui que tous appelaient « l'aimable Frago », les jeunes pensionnaires, notamment

LE SACRIFICE DE LA ROSE.

Vincent, élève de Vien, qui fut peintre d'histoire et portraitiste, et dont nous savons une charmante étude d'après Bergeret, pleine d'humour, Barthélemy, Suvée, Ménageot, le sculpteur Guiard.

Cette compagnie intelligente plaisait au financier, qui visitait avec ses nouveaux amis les villas des environs de Rome, les musées, les églises et les édifices. Ménageot surtout lui plut, qui fut plus tard directeur de l'Académie de France sous la Révolution. Il se faisait montrer les dessins de ces jeunes gens, les conviait à des goûters et à des soirées où l'on examinait les œuvres de chacun, avec force dissertations sur l'antique et la Renaissance. Bergeret lui-même se prit d'une belle passion pour le dessin, qu'il avait cultivé dans sa jeunesse : et l'on peut s'imaginer le rôle de Frago dans cette existence variée et amusante, il y est le boute-en-train et le conseiller d'art. Il conduit Bergeret chez les antiquaires, donne son avis, retouche un croquis, est l'âme des « conversations » avec glaces et friandises qu'il est de bon ton de se donner tour à tour.

Ce séjour à Rome, raconté par Bergeret avec son gros bon sens et son air imperturbable de Parisien bien fourni d'argent, est le tableau le plus savoureux qu'on puisse voir, et en quelque sorte jette autant de lumière sur les mœurs des amateurs du xviii° siècle que la peinture de Frago en peut révéler. La sceptique relation d'une entrevision du pape, un satirique croquis de l'Opéra de Rome, une ascension au Vésuve, un concert chez lord Hamilton ambassadeur d'Angleterre (l'époux de la célèbre lady Hamilton), un concert chez Piccini qui va aller à Paris (« Gare la secousse à la musique française! » s'écrie Bergeret), tout ce train s'interrompt par la nouvelle de la mort de Louis XV. Bergeret prend le deuil, mais avoue mettre à profit la cessation des « conversations » pour dessiner. Enfin il fallut songer au retour, qu'on décida de faire par l'Allemagne pour éviter la traversée difficultueuse du Mont-Cenis, et l'on rentra par Vienne, Dresde, Leipsick, Francfort et Strasbourg, et après onze mois de pérégrinations, Bergeret met fin à son étonnant journal le 8 septembre 1774 : « Tout va bien, jusqu'à notre voiture qui a fait bien des cent lieues et à laquelle il ne manque rien... Ce n'est pas la faute des cahots et chemins affreux et du nord et du midi qui l'ont mise à de rudes épreuves. Je finis et me couche. »

Frago revenait avec une énorme quantité de dessins; durant le voyage certains froissements se produisirent, qui amenèrent Bergeret à biffer aux premières pages de son journal les éloges faits de Frago et de sa femme. Mais la brouille s'accentua tout à fait lorsque Frago redemanda ses dessins, sanguines, sépias, qui remplissaient toute une caisse. Il prétendit que ces **travaux** devaient l'indemniser du temps perdu à courir les chemins en compagnie d'un homme qui l'avait invité à l'escorter et à l'aider de ses conseils. Bergeret d'autre part soutint qu'ayant supporté les frais entiers du voyage, les dessins devaient lui revenir comme une sorte de

LA VISITE À LA NOURRICE.

6

remboursement tacitement convenu. On plaida, et cette équipée se termina, tout comme un vaudeville, par l'intervention de Thémis, qui donna raison à Frago et condamna le fermier général à restituer les dessins ou à payer 30 000 livres. On a dit qu'il préféra payer. Cependant on n'a pas trouvé trace de ces centaines de dessins après sa mort. Cela conduit à penser qu'un arrangement amiable intervint, car on retrouve souvent dans les œuvres du peintre des traces de ces études rapides. Il dut les reprendre, ou en laisser une partie à Bergeret (ce qui nous semblerait équitable), et enfin faire quelque échange avec lui, car ils finirent par se réconcilier. Le fils de Bergeret, qui succéda à son père comme receveur général en 1785, fut en excellents termes avec Frago et sa famille, et l'on est en somme ravi de penser que la brouille se résolut dans un attendrissement final, après une lutte où la finesse du bourgeois et la rouerie du Provençal se firent valoir d'une façon divertissante.

Ce voyage n'est qu'un hors-d'œuvre dans la vie de Frago, mais il marque l'apogée de la seconde période de sa vie, la période sérieuse, comme l'apogée de la première, la brillante, est marqué par la mésaventure de la décoration pour la du Barry.


## VII


L'originalité de Fragonard s'est peut-être affirmée plus fortement encore dans ses dessins que dans sa peinture.

C'est là, à notre avis, que sa personnalité se laisse le plus vivement surprendre, et que s'établit la correspondance la plus instantanée entre la vision et l'exécution. Dans la peinture de Frago intervient souvent un souci du fini, dû en grande partie à la dimension restreinte de ses toiles, et au désir de la composition très serrée dont chaque détail doit servir l'anecdote. Dans ses dessins, ces restrictions disparaissent, et sa fougue superbe se révèle sans frein, sûre dans l'audace.

Fragonard était destiné à étinceler au milieu du plus étonnant groupe de dessinateurs que l'art français eût encore connus. Après le xviiᵉ siècle austère, le dessin semblait, avec Watteau et son école, acquérir tout à coup l'esprit, la grâce, la compréhension toute moderne de son rôle d'observation, de chronique des mœurs. Certes Watteau laisse tout le monde derrière lui : ses sanguines, ses dessins rehaussés, immortelles floraisons d'une âme unique, gardent comme ses toiles ce mélange de noblesse et de tendresse qu'on ne retrouvera pas, et dont la proportion subtile n'a été transmise à personne. Mais quel ensemble d'artistes après lui ! Bouchardon et ses médaillons, dont le modelé est déjà sculptural ; Clodion, qui avec des crayons et du blanc atteint aux lumières des bas-reliefs ; Pajou, Portail, Chardin qui souligne toute une psychologie de la bourgeoisie et du peuple ; Greuze, peut-être plus peintre avec l'encre de Chine qu'avec la palette, et en tout cas plus large et plus artiste ; Cochin et Moreau le jeune, qui savent mou-

LE CONCOURS.

vementer une foule; Gabriel de Saint-Aubin qui prévoit le dessin impressionniste d'aujourd'hui et dans la
technique et dans le sentiment, avec une hardiesse
géniale; Leprince, avec ses lavis délicats; Boucher,
conventionnel mais d'une abondance superbe; Natoire
même, avec ses paysages colorés; Freudeberg, Gravelot,
Eisen, Marillier aux arrangements si habiles, Monnet,
Borel, Duplessis-Bertaux, Choffard qui parfois est digne
de Frago, Huet l'animalier savant, Debucourt enfin. Et
auprès de tous ceux-là, outre La Tour et Chardin, il y a
Baudouin, l'élégant Lavreince, et déjà Prudhon, et toujours Hubert-Robert, l'ami de la première heure et de la
suprême, le camarade et le rival de Frago devant les
paysages d'Italie.

Parmi tous ces hommes de talent, d'invention, de goût,
qui ont fixé une heure inoubliable du libre esprit français, Fragonard reste peut-être le plus puissant. Cette
réunion d'artistes est bien vraiment inspirée de ce que le
xviiie siècle a eu de meilleur, l'esprit critique. Elle entre-
prend, elle aussi, une lutte contre les préjugés. C'est la
lutte de Paris contre Rome, lutte où ces artistes ne sont
que des frondeurs, et qui s'engagea à fond plus tard. En
face de l'allégorie pompeuse, de la mythologie froide et las-
sante, des laborieux pastiches de Raphaël et de Michel-Ange
accommodés malencontreusement au goût d'atelier, en face
de l'art guindé, aux recettes sans souci des tempéraments,
cette pléiade de dessinateurs précise le caractère d'une
race, donne une image de la France réelle, réhabilite les

sujets « sans noblesse » et invente presque toutes nos
modernes façons d'envisager, avec quelle saveur, quel
humour, quelle science discrète, quelle magistrale
manière de résoudre les difficultés en semblant ne pas les
voir ! Ainsi sauve-t-elle les vraies qualités de notre terroir
et en comprend-elle admirablement les fins artistiques,
entraînée dans le grand courant qui emporte, à la voix de
Diderot, de Voltaire et de Rousseau, toute une société
dans la route nouvelle tracée par les encyclopédistes et
surtout par le mécontentement public, la misère, l'abâ-
tardissement de la caste dirigeante.

Frago, qui souffrira de la Révolution, témoigne en son
art de cet instinct révolutionnaire. Plus il travaille et
plus, quittant sa manière élégante et serrée, sa peinture
précieusement ouvragée, il devient libre, nerveux, cède
à la violence de sa nature et ruine en lui-même jusqu'aux
vestiges de son ancienne science de prix de Rome, plus
il délaisse l'allégorie et s'approche de la vie.

Il a fait pour presque tous ses tableaux des dessins,
des sépias, des lavis qui en révèlent la préparation et
montrent bien la distance entre la véritable nature de
l'artiste et le relatif assagissement auquel il s'astreignait
en peignant.

La chaleur de ses dessins est surprenante. L'étude seule
de leur facture, l'analyse de leur charme essentiel, vau-
draient un livre plus long que celui-ci, où nous ne pouvons que rassembler quelques indications générales sur
ce grand, cet adorable et fier artiste, avec le regret, à cha-

L'HEUREUSE FÉCONDITÉ.

que instant, d'être contraint de passer outre. Et **quel** incomparable enseignement pour nos peintres ! Cela déborde de vie, de pittoresque : la composition est d'une spontanéité jamais lasse, renouvelée constamment. On dirait qu'il se jette sur son sujet, qu'il le vit, qu'il y est acteur, et prend juste le temps de noter ce qu'il voit et fait. Il n'y a aucune distance entre sa pensée et sa main, et ses groupements harmonieux et réels sont toujours décoratifs, balancés avec un charme exquis pour l'œil. S'il dessine et rehausse de bistre une *Danaé*, on se demande où il a pu voir cette femme renversée, ces suivantes effarées qui s'empressent, cette scène toute vivante. Aucune note d'album ne suffirait à reconstituer le *Coucher des ouvrières en modes*, avec son inouïe composition, criante de vérité. L'invention ici coïncide à la réalité elle-même. Il dessine avec une sûreté merveilleuse ; voyez ses intérieurs, la moindre moulure d'un plafond est juste, les plans sont exacts, les valeurs sans une faute, tout est en place, avec sa dimension, son relief, son éclairage, et c'est le fait de quelques traînées de sépia où il ne se sert même pas de blanc comme Baudoin, le papier lui suffisant à donner la plus grande lumière. Animalier, il est l'égal des plus forts spécialistes. Ses ânes, ses taureaux, ses chiens ont leur expression, participent au décor ou à l'action, sont vus dans la profonde réalité de leurs formes et de leurs attitudes, et là on sent combien ses études furent sérieuses, amoureusement poursuivies dans le sens des Hollandais. Mais il ne semble pas avoir étudié par morceaux de détail :

toujours il cherche l'ensemble, le mouvement, et n'arrive à la justesse d'une main qu'en dessinant le personnage tout entier. Pour Frago, le *dessin en mouvement* seul existe, et c'est le mouvement qui conduit à la vérité du détail. Un autre caractère « très moderne » de Frago, c'est sa liberté dans le choix des motifs. Il se décide et s'installe tout de suite. Sa faculté de composition ne s'embarrasse pas de préjugés, ne cherche pas à établir des arrangements. La nature compose pour lui, et partout où il y a vie, là son sujet est prêt, sa curiosité est excitée, la traduction d'art s'ensuit. Un *Intérieur de cuisine à San-Remo*, des *Montreurs d'ours*, des *Enfants faisant manger un âne dans un sarcophage antique*, et voilà des notes de voyage aussi rapides que la scène vue, établies admirablement comme après des jours de travail commode dans l'atelier. Frago dessine comme on écrirait, trouve tout intéressant, mais sait mettre à l'instant en lumière ce qu'il sied d'y exposer. Les Japonais seuls ont eu cette adaptation innée, à un tel degré de rapidité sûre.

Ces qualités sont celles de l'illustrateur, et Fragonard en a donné la mesure dans sa série pour les *Contes de La Fontaine*.

Il se peut que Bergeret lui en ait donné l'idée durant leur voyage en Italie, comme le prétend Charles Blanc. Bergeret avait été l'un des souscripteurs de la célèbre édition dite « des fermiers généraux », ornée de compositions d'Eisen et de culs-de-lampe de Choffard, et il serait assez naturel qu'il eût formé le projet d'avoir une suite faite spécialement pour lui par son peintre favori. Quoi qu'il en soit, ce thème si bien fait pour séduire Frago a donné lieu à trois séries de dessins. La première se compose de quarante-deux dessins faits pendant le voyage avec Bergeret, et qui comptèrent sans doute parmi ceux dont le peintre et le Mécène se disputèrent, au retour, la propriété. La seconde série comprend cinquante-sept sépias reliées par un amateur avec un manuscrit des *Contes*; la troisième, une douzaine de dessins plus finis, exécutés vraisemblablement en vue de la gravure, qui n'a pas été achevée.

La première série, révélée à la vente de M. Walferdin, qui la tenait de la famille de Frago, et qui a été le plus sagace, le plus fidèle admirateur et collectionneur du maître, contient les prototypes de tous les autres dessins, faits avec une liberté, une verve, un goût ravissant, tantôt tout à fait terminés, tantôt indiqués mais déjà très nets. On y trouve les meilleures qualités de Frago. On ignore si l'amateur qui commanda la seconde série ne fut pas le fils de Bergeret, resté en bonnes relations avec Fragonard. Celui-ci, sur des décalques de ses premiers dessins, recommença des sépias avec des fonds et des accessoires plus importants, et porta à cinquante-sept le nombre des originaux, qui furent reliés avec une copie calligraphiée sur laquelle on copia les culs-de-lampe de Choffard. Ce manuscrit précieux a appartenu à MM. Feuillet de Conches, Portalis, Paillet, et enfin est aujourd'hui la propriété de M. Beraldi. Quant aux douze dessins prêts pour la gravure, ils sont évidemment dus aux demandes des amateurs ayant appris l'existence des précédents. Les graveurs exigeaient une facture plus précise, plus propre à faciliter leur travail, et ces sépias très minutieuses, faites dans ce but par Frago vieillissant, ont moins d'intérêt que les autres. Les estampes, faites sous la direction de l'éditeur Tilliard et d'Augustin de Saint-Aubin, furent charmantes, mais le projet resta en suspens : le texte parut en 1795, il devait contenir quatre-vingts compositions ; Frago, las sans doute de cette répétition de sa série, renonça, et on s'adressa à d'autres artistes pour terminer, notamment à Monnet et à Moreau le jeune. Mais, en dépit de tout, l'édition ne fut jamais achevée. On connaît les *Contes* de La Fontaine : il suffira donc de dire que les dessins de Fragonard sont pour eux l'illustration rêvée, et un parfait modèle du genre, d'une variété d'invention inépuisable, et d'une haute valeur technique.

Il ne s'en tint pas là, mais sa manière large, emportée, frémissante, n'était pas assez achevée au goût des éditeurs et surtout des graveurs de son temps, qui exigeaient le fini, et avaient peur de livrer des travaux apparemment négligés, ébauchés. Aussi les illustrations de Frago, improvisations de maître où il est si précieux de lire sa pensée première, restèrent-elles à l'état de projets, d'esquisses contenant l'essentiel. Il commenta ainsi le *Roland furieux*, en cent seize crayons mêlés de bistre, d'un emportement lyrique, que lui seul eût pu graver. On sait de lui une vingtaine de dessins pour *Don Quichotte*, de charmants crayons pour *les Veillées du Château* de Mme de Genlis, et enfin, les dessins italiens pour le *Voyage à Naples et dans les Deux-Siciles*, entrepris en sa jeunesse avec l'abbé de Saint-Non. Les fleurons, certains en-têtes, sont de lui, plus divers épisodes et des copies interprétées d'après certains maîtres. L'ouvrage commença de paraître par livraisons en 1778 avec la collaboration de Dolomieu, de Denon, des architectes Paris et Després, d'Hubert Robert, de Frago, de Saint-Non lui-même. Mais les frais étaient énormes, et l'abbé dut se ruiner pour tenir ses engagements, sans réussir à sauver l'ouvrage. Ce fidèle ami, cet artiste charmant, mourut pauvre en 1791.

## VIII

Fragonard avait depuis longtemps déjà obtenu un logement et un atelier au Louvre. Il y vivait parmi de jolis décors arrangés par sa capricieuse fantaisie, dans l'opulence (car il gagnait bien quarante mille livres par an), entre sa femme, joviale et vulgaire, son fils Évariste, sa belle-sœur Marguerite Gérard, sa jolie élève. De nombreux amis l'entouraient, Saint-Non, Robert, Hall, Hoin le peintre dijonnais, Paris, Carle Vernet, Lantara, Vincent, Moreau le jeune, le graveur de Launay, Bergeret fils, société choisie dont il était l'âme. Du caractère de ses rapports avec Mlle Gérard il n'y a pas intérêt à disputer.

Frago était tout pour elle, un maître, un protecteur, un objet d'admiration reconnaissante. Les billets de la jeune fille sont gracieux et d'une vivacité aimante qui a pu donner à réfléchir lorsqu'on a retrouvé la volumineuse correspondance qu'elle lui adressa : mais le fond de sa nature était un égoïsme, une froideur qui se révèle dans ses tableaux corrects, et qu'on voit se révéler ultérieurement plus encore dans une lettre où, répondant à Fragonard vieux et quasi ruiné lui demandant de l'argent, elle le lui refuse en l'engageant « à aimer l'économie, à être raisonnable, et à savoir qu'en nourrissant les fantaisies on les augmente sans être plus heureux ». Toute la lettre est d'un ton de semonce poli qui révolte quand on songe que Frago avait entièrement élevé et défrayé sa jeune belle-sœur et l'avait mise à même de gagner sa vie, en lui donnant l'autorité de son enseignement et le bénéfice de ses relations, qui décidèrent de toute sa carrière. Si l'on a pu équivoquer sur le sens des premières lettres, il n'est pas permis de se tromper sur la signification de cette dernière, qui dut atteindre au cœur le sensible et généreux artiste.

Fragonard, dans sa vie heureuse au Louvre, parmi ses amis dévoués, atteignit ses cinquante-sept ans lorsque éclata le coup de foudre du 14 juillet 1789 et se leva l'aurore de la Révolution. Elle était rose alors, et non rouge : on ne prévoyait pas la convulsion meurtrière, on ne voyait que l'immense éveil d'idéalisme social. Fragonard et ses amis étaient eux-mêmes des indépendants, des

LES BEIGNETS.

libéraux, que leur amour pour l'art élégant et aristocratique n'avait pas empêchés de constater les souffrances
du peuple, l'impéritie du régime, et de vibrer aux idées
de Diderot et des Encyclopédistes. Ils n'eurent donc que
de la sympathie pour les événements qui se succédaient ;
l'indépendance foncière de Frago en art et dans la vie,
son intelligence très vive, le portaient à être naturellement du côté des novateurs, et quand la France fut me-
nacée par la coalition, le sentiment patriotique emporta
tout le monde autour de lui. En septembre 1789 les ci-
toyennes Fragonard, Gérard, David, Suvée, Lagrenée
jeune, Vien, figurèrent parmi les femmes venant déposer
leurs bijoux sur le bureau de l'Assemblée nationale, et plus
tard, quand la Commune organisa des ateliers nationaux
dans les salles basses du Louvre, elles cousirent pour les
soldats et servirent elles-mêmes les « tables de la fra-
ternité ».

Mais bientôt les événements devinrent tragiques, et
alors commença le crépuscule de cette vie brillante et
douce qui n'avait été qu'un sourire, avec un seul deuil,
celui de la mort prématurée de Rosalie Fragonard. Certes
Frago n'eut pas l'idée de fuir la tempête, et le républica-
nisme lui resta toujours idéalisé. Mais pourtant une tris-
tesse étreignait son cœur, et ses amis la partageaient. Ces
anciens pensionnés du roi, enrichis par l'aristocratie, ne
pouvaient voir sans chagrin la démolition de l'ancien
régime, et surtout la ruine de leurs protecteurs, fermiers
généraux, gentilshommes, maintenant émigrés, prison-

niers, traqués, à tout le moins destitués et réduits à la misère. Sans haine pour la royauté ni pour le jacobinisme, ce petit groupe d'artistes, de naissance plébéienne et de mœurs bourgeoises, souffrit en silence de cet immense bouleversement où s'effondrait tout leur passé et qui doublait leur sentiment de vieillesse. Leur art se démodait. Leurs scènes piquantes, leurs mignardises n'étaient plus possibles dans la convulsion révolutionnaire, personne ne s'en souciait plus, et quelques années avaient suffi pour faire des adulés de la veille les dédaignés du jour. Un art nouveau naissait, solennel, sévère, maussade, d'un héroïsme classique, selon les sentiments « romains » à la mode. L'allégorie du xviii° siècle restait en faveur, mais elle devenait prétentieusement épique, lourde et guindée. Elle allait ainsi rejoindre le rigorisme académique du xvii° siècle : la peinture allait se figer dans une fausse noblesse, devenir la sujette docile du détestable goût consulaire et impérial, et tomber dans le classicisme dégénéré, comme les lettres. Et il allait falloir quatre-vingts ans pour ramener le goût et la justice vers cette adorable école française de 1770, pour faire comprendre son importance dans l'histoire du génie national, pour l'exhumer des cendres de la Révolution, de l'Empire, de la royauté bourgeoise, et la révéler jeune et souriante du fond de l'oubli et de la mort, comme une fresque de Pompéi.

Quand les rentes sur l'État furent diminuées des deux tiers, Fragonard, qui avait environ dix-huit mille livres de rente, n'en eut guère plus de six mille. On raconte

qu'il se mit, en apprenant cette catastrophe, à battre des
entrechats, au grand scandale de sa femme, « parce qu'on
ne lui avait pas tout pris ». Il avait toujours été insouciant
de l'argent, et son fond de méridional plébéien l'inclinait
à s'en vite consoler. Il réduisit son train. David lui vint
alors en aide. Il n'avait pas cessé de fréquenter chez Frago
et n'avait pas oublié le service rendu jadis, lors de l'achèvement des travaux pour la Guimard. On connaît assez de
traits peu honorables de David pour enregistrer avec
plaisir sa conduite envers le vieux maître. Cette conduite
a été diversement appréciée. Certains ont feint de penser
que David affectait une protection un peu méprisante
envers un homme qui ne pouvait plus lui porter ombrage.
C'est notamment l'opinion de M. Josz, en son pittoresque
volume sur Frago. Mais il n'est guère permis de douter
de l'admiration et de l'obligeance sincère du peintre des
*Sabines* après la lecture de sa lettre si affectueuse d'oc-
tobre 1805 où il félicite Frago des succès d'Évariste (lettre
citée par les Goncourt qui, ainsi que le baron Portalis et
M. Maurice Tourneux, se rangent à cette opinion). Le
maintien du logement de Frago au Louvre est également
dû à David, comme le prouve une de ses lettres à Roland.
David, si prompt à la palinodie dans sa vie publique, se
relève par de tels traits : l'estime picturale l'y engagea
envers Frago.

Il le recommanda au choix de la Convention pour faire
partie de la commission du Muséum, fonction qui valait à
son titulaire 2400 livres et le logement. « A la fois connais-

seur et grand artiste, disait David en son rapport. Fragonard
consacrera ses vieux ans à la garde des chefs-d'œuvre dont
il a concouru dans sa jeunesse à augmenter le nombre. »
Et en effet, dès le 12 pluviôse de l'an II, Fragonard fut
nommé membre du Comité du Muséum national des
arts et, le 19, président du Conservatoire du Muséum.
Plus tard il fut membre du jury des Arts, qui remplaça
les Académies dissoutes par la Convention, et jugea en
compagnie de Gérard et de Prudhon, sous la présidence
de Pache. Ainsi sa vieillesse s'acheva-t-elle avec un certain honneur ; mais l'homme qui incarnait l'art et l'âme
du XVIII° siècle délicat faisait étrange figure, avec ses
cheveux blancs et sa courtoisie, dans cette époque violente et parmi ces artistes nouveaux dont les préoccupations
différaient totalement des siennes, même en Prudhon
dont le rêve ténébreux et suave n'avait rien de commun
avec sa vision étincelante et spirituelle. Frago était
presque un revenant, et la mélancolie dut malgré tout
emplir son âme, devant son foyer compromis et ses toiles
délaissées. Il essaya de se mettre au goût du jour, dessina
sans plaisir quelques mauvaises compositions que lui
commandèrent encore des amateurs, sur la foi de son
ancienne renommée : on sait ainsi de lui *le Sénat assemblé
pour décider la paix ou la guerre* et la *Fermeture du temple
de Janus*, faits pour un M. d'Aoust, de Bruxelles. Et l'on
devine les sentiments de Frago, du Frago des *Baigneuses !*
en exécutant ces travaux pompeux. Il mit son fils dans
l'atelier de David, pour se faire bien voir, ce qui acheva de

pousser Évariste dans une piètre conception de la peinture emphatique, et il assista à la plantation d'un arbre de la liberté dans la cour du Louvre.

Cette fin a quelque chose de spectral, on aimerait en abréger le récit. Fragonard pensa même à se garantir de poursuites et de suspicions possibles, en se faisant délivrer, en pluviôse de l'an II, un certificat constatant qu'il n'avait point songé à émigrer, et un certificat de résidence et de civisme, où Dumont et Horace Vernet furent ses témoins cosignataires. Toutes ces précautions n'étaient qu'à peine suffisantes en ces heures terribles. Malgré tout, Frago avait trop de relations, appartenait trop intimement au passé détesté, pour qu'on le laissât tranquille. Sa place lui fut enlevée, seulement pour la forme et provisoirement il est vrai, au lendemain du 9 thermidor, s'il faut en croire des documents récemment interprétés. Son ami Hubert Robert était séquestré à Saint-Lazare et n'échappait à l'échafaud que par suite d'une méprise ; Mme Chalgrin, sœur de son ami Carle Vernet, était guillotinée ; la misère venait au point que Mmes Fragonard, Vien, Robert allaient avec les femmes du peuple à la porte des boucheries et des boulangeries. Fragonard, navré, effrayé, accepta l'offre d'hospitalité que lui faisait M. Maubert, un vieil ami de sa famille, à Grasse, et c'est ainsi qu'il revint dans sa ville natale. On a placé jusqu'ici ce séjour à la date de 1794. Les archives du Louvre, mentionnant la présence de Fragonard aux séances du Conservatoire, engagent à reculer ce séjour jusqu'après juillet 1796, sans en donner toutefois la date précise. C'est du moins la conclusion de MM. J. Guillaume et Tourneux. Fragonard apportait avec ses bagages les décorations laissées pour compte par la du Barry, dont l'*Abandon* inachevé, et céda à M. Maubert (grand-père maternel du dernier propriétaire M. Malvilan) les panneaux qui s'adaptaient parfaitement au salon de son hôte. Il y ajouta sur place plusieurs dessus de portes, l'*Amour vainqueur*, l'*Amour-folie*, l'*Amour poursuivant une colombe*, l'*Amour embrasant l'univers*, plus un trumeau de cheminée, le *Triomphe de l'Amour*, le tout délicieux, peint dans le style qu'il aimait. Il fit aussi, durant son séjour, les portraits des frères de M. Maubert, et décora le vestibule d'attributs révolutionnaires en grisaille, avec les portraits de Robespierre et de l'abbé Grégoire, à ce que l'on dit à Grasse du moins, car M. Sardou s'est inscrit en faux contre ces attributions, et la découverte des documents reculant le séjour à 1796 achève de leur ôter de la vraisemblance.

Quand il revint, « l'aimable Frago » n'était plus qu'un pauvre vieil homme, plus fini par l'écroulement de son monde que par la caducité de son corps. Il ne travailla presque plus. La mode était à David, aux Horaces, aux Brutus, aux Lucrèces, et Frago n'avait vraiment plus le cœur aux « Sacrifices de Corésus » ! Ses amis survivants, Moreau le jeune, Monnet, Duplessis-Berteaux, dessinaient les journées célèbres de la Révolution. Il fallait

Cliché Lévy.

LA LEÇON DE MUSIQUE.
(Musée du Louvre.)

bien, pour vivre, se mettre au ton de l'époque. Fragonard
n'en eut pas le courage, et végéta. Il ne devait
même pas mourir dans l'appartement des galeries
du Louvre qu'il avait tant aimé. Ces galeries du Louvre,
où Henri IV avait permis l'installation de vingt-six fa-
milles d'artistes, étaient desservies par un corridor qui
donnait sur le quai. Chacun avait là un rez-de-chaussée et
des chambres à l'entresol. Frago occupait le  n° 2, et tout
le monde adorait « le petit papa Fragonard ». Il était le
voisin du sculpteur Mouchy, neveu de Pigalle, de
Regnault, de Robin, horloger du roi, du peintre sur émail
Pasquier, de Pajou, d'Hubert Robert, son plus intime ami
et le plus ancien avec Saint-Non, de Carle Vernet et de
son fils Horace, de Lagrenée le jeune, du graveur Bervic,
du vieux Greuze aussi démodé que lui-même, de Vincent,
de l'architecte Vaudoyer. Frago demeurait là, douillet-
tement encore malgré la pauvreté, avec sa femme vulgaire, aux toilettes criardes, et Mlle Gérard dont chacun
vantait l'élégance et la beauté. « Rond, replet, fringant,
toujours gai, il avait, dit un contemporain, de bonnes
joues rouges, les yeux pétillants, des cheveux gris très
ébouriffés. On le voyait éternellement vêtu d'une houp-
pelande ou *roquelaure* en drap gris mêlé, sans agrafes, ni
pattes ni boutons, que le bonhomme, au moment de travailler, arrêtait à la taille avec n'importe quoi, un bout
de ficelle, un chiffon. » Ajoutons à ce portrait de Frago
que sa taille était fort exiguë (le certificat de civisme de
l'an II mentionne quatre pieds onze pouces).

En 1806, le dernier lien de Fragonard à son passé fut brisé. Un décret de l'Empereur ordonna l'évacuation des logis du Louvre. Définitivement une nouvelle vie chassait jusqu'au dernier vestige de l'ancienne. La famille alla habiter rue de Grenelle-Saint-Honoré, à deux pas de son cher Louvre, dans la maison du restaurateur Véry.

Fragonard, malgré l'âge, faisait encore de grandes promenades. Un jour, en revenant du Champ-de-Mars, ayant chaud, il prit une glace dans un café. Une congestion cérébrale s'ensuivit, et il mourut à soixante-quatorze ans et neuf mois, le 22 août 1806. Moralement, il ne faisait plus, depuis quinze années, que le simulacre de vivre.

Il ne sera pas inutile de dire quelques mots de ceux qui l'entourèrent. Mme Fragonard mourut à soixante-dix-sept ans, en 1824. Marguerite Gérard exposa pour la première fois en 1790 à la Société des Arts, puis donna, dans les années suivantes, une série de toiles, de médiocres dessins pour les *Liaisons dangereuses* gravés par Monnet en 1796 ; sa facture correcte, son sentimentalisme plurent. La critique la couvrit de fleurs. L'année de la mort de Frago, on l'encensa, et on acheta très cher ses toiles alors que les chefs-d'œuvre de son beau-frère ne tentaient plus personne. Elle eut une carrière d'artiste très heureuse sous l'Empire et la Restauration. Napoléon lui fit remettre une médaille d'or par Denon. Elle ne se maria pas, et mourut en 1837 à soixante-seize ans, comblée de louanges et fort à l'aise. On peut dire de sa peinture qu'elle a des qualités de second

L'ESCALADE OU LE RENDEZ-VOUS.
D'après la pointe-sèche de Marcellin Desboutin.
(Grasse.)

ordre, et qu'on les a trop niées après qu'elles eurent été encensées. Évidemment il serait injuste d'écraser ce joli talent sous le redoutable souvenir de Fragonard, auprès duquel il n'existe guère. Mais Marguerite Gérard mérite d'être plus estimée qu'on ne le fait en général dans la critique moderne, par réaction. Elle dessina sérieusement, de façon à tenir une place enviable parmi les artistes de son époque ; et elle eut un sentiment curieux, presque précurseur, de l'intimisme et des attitudes de l'enfance, où elle sut discerner une psychologie que Frago n'exprima pas. La *Lecture d'une lettre* et la *Mère nourrice* exposées en 1900 à la Centennale ont, par leurs belles tonalités, ramené la critique à une appréciation beaucoup plus flatteuse de ce talent, où se condensa sans doute le meilleur de l'âme de cette étrange créature, jolie, égoïste, sans élan, capable d'une affection mièvre et sans profondeur. Ses lettres à Fragonard la montrent prévenante, prompte à dire de jolis riens et à bien tourner un compliment, mais jamais elles ne révèlent un mouvement du cœur. L'affection que Frago lui porta l'éclaire d'un reflet immortel, et devant l'avenir, qui sans lui l'eût peut-être oubliée, il la sert comme il la servit de son vivant, avec sa bonté et son génie.

Alexandre-Évariste, né à Grasse en 1780, fut un bon élève de David, eut un prix de 3 000 francs de la Convention nationale en l'an II, fit de nombreux projets de monuments, que l'Empereur approuva mais que la débâcle de 1815 empêcha d'exécuter. Peintre et statuaire, sans que rien rappelle son père dans sa manière estimable et soigneuse, il a fait des plafonds au Louvre, des compositions historiques, la statue colossale de Pichegru, des lithographies, des dessins et des modèles sculptés pour la manufacture de Sèvres, où il plaça son fils Théophile, qui fut peintre sur porcelaine. Alexandre-Évariste mourut à soixante-dix ans, en 1850. Et l'arrière-petit-fils de Frago, Antonin Fragonard, mort en 1887, est le dernier qui se soit occupé d'art dans cette descendance qui existe encore. Je donne ces détails rapides dans un intérêt purement historique, car, en réalité, rien du génie de Frago n'est passé ni dans sa femme, ni dans sa belle-sœur, ni dans son fils que l'influence classique dévoya tout de suite et qui, comme Mlle Gérard, a fourni une carrière honorable et, moins favorisé qu'elle, est actuellement entré dans l'oubli définitif.

Quant à un catalogue de l'œuvre de Fragonard, on n'attendra pas que ce court ouvrage en donne la moindre idée, lorsqu'on saura que cette œuvre extraordinaire compte environ 500 toiles, 1050 dessins et une centaine de miniatures, ce qui est presque invraisemblable (1).

On reste effrayé de l'abondance d'une telle production, surtout lorsqu'on constate l'exécution minutieuse de ces

1) Le lecteur soucieux de plus amples renseignements dépassant le cadre de ce livre ne saura mieux faire qu'en consultant le volume définitif écrit par le baron Portalis sur Fragonard (J. Rothschild, 1889), où cet amateur passionné a dressé avec tout le soin désirable un catalogue de ces 1650 pièces, avec un scrupule et une abondance de documents qu'il serait bien difficile de dépasser. La seule lecture de

LA POURSUITE.
(D'après la pointe-sèche de Marcellin Desboutin.)
(Grasse.)

petites toiles, dont deux cents au moins sont extrêmement
poussées, et de ces dessins dont cinq cents sont également
complets. Personne n'a eu plus de force, plus
de lucidité dans la conception et l'exécution d'un labeur
immense, parmi nos artistes.


## IX


Voilà donc, succinctement, ce qu'a été Fragonard.
Grand peintre de petits sujets, ainsi pourrait-on le définir :
mais alors faudrait-il définir ce que sont les sujets petits
ou grands, et dire à quel point leur choix importe, et
là-dessus personne ne donnera le dernier mot en appré-
ciant un art, et nous y renoncerons tout d'abord. Un sujet
n'est noble ou bas, grave ou futile, émouvant ou indiffé-
rent, qu'au degré où qui le traite l'est lui-même. Il nous
sera permis de souhaiter, d'attendre, d'aimer d'autres
sujets que ceux de Fragonard, mais si nous cherchons

ce catalogue est le meilleur hommage qu'on puisse rendre à
Fragonard, à sa puissance créatrice, à sa vision variée, à son intelligence picturale qui a touché à tout avec bonheur.

Auprès de cet ouvrage, il sera utile de consulter le délicat volume
des frères de Goncourt, celui de M. Virgile Josz, et divers documents
historiques : les *Archives de l'art français*, les *Procès-verbaux de
l'Académie royale*, la *Correspondance des directeurs de l'École de Rome*,
si utiles pour l'éclaircissement de la jeunesse et de la période ascen-
dante de Frago, et la *Révolution française, revue d'histoire moderne et
contemporaine*, spécialement les tomes XXXVIII et XXXIX, qui remet-
tent au point certaines allégations des Goncourt et de M. Josz.

ceux-là, nul au monde ne les traita mieux ; et un sujet
n'est traité valablement que s'il répond au caractère, aux
dons, à l'époque de son interprète. Il y a deux sortes
d'artistes : ceux qui sont isolés dans leur temps, arriérés,
ou précurseurs, ou rêveurs individuels, et ceux qui sont
les floraisons de ce temps. Or Fragonard est de ces der-
niers. Périt tout le xviii° siècle artistique, il en donnerait
l'image essentielle. Il a eu le don de se maintenir dans
une harmonie absolue avec son temps, avec sa nature ; il
n'a fait que ce qu'il était né pour accomplir, et c'est le
secret de sa merveilleuse abondance. Par un bon sens
suprême qui, à un tel degré, devient une vertu intellec-
tuelle, il a su ne jamais forcer son tempérament tout en lui
faisant rendre le maximum d'effort. Il a arrangé sa vie,
ses instincts, son talent, ses sujets, avec une souple com·
préhension. Et ainsi il est un homme représentatif, l'expression même d'un temps, et par là une force française.
Il n'y a pas à regretter que Fragonard n'ait employé son
talent à d'autres conceptions : il eût été mauvais, emphatique ou plat, et il le savait bien. Les autres sujets ont été
traités par d'autres hommes, et nous n'avons qu'à les leur
demander. Rien d'imprécis dans Frago, rien qui donne à
penser qu'il eût pu faire autre chose, rien qui décèle son
souci de tenter, son regret de n'avoir pu toucher à
d'autres ordres de la pensée humaine : aucun mystère,
aucun désir vague — et il y a des artistes qui nous émeu-
vent infiniment plus parce qu'ils sont pleins de ce mystère et de ce désir, parce que nous les poétisons en leur

LES SOUVENIRS.
D'après la pointe-sèche de Marcellin Desboutin.
(Grasse.)

prêtant tout ce qu'ils rêvaient de faire alors qu'ils moururent sans avoir pu l'accomplir. Mais ces sujets de Frago, ils sont humains aussi, ils sont une forme de la vie, comme le tragique de Rembrandt, la joie haute de Titien, l'exaltation sensuelle de Rubens, la rêverie de Watteau, et il fallait que quelqu'un les traitât, et l'important était qu'ils le fussent avec beauté. Fragonard les a traités, et il est allé en eux aussi loin que les autres maîtres dans les leurs.

Quand un artiste en vient à ce degré, on peut dire que les sujets s'évanouissent, qu'il n'y a plus de sujets, mais seulement des visions de l'existence qui s'équivalent. Ainsi, quand on raisonne scientifiquement la vie, il n'y a plus ni vices ni vertus, mais des actes déterminés par des causes naturelles, qui présentent impartialement des ordres divers d'intérêt et sont des états de l'esprit humain. Fragonard a été le représentant synthétique et prédestiné d'un état humain qu'on appelle le xviii° siècle français, et il l'a incarné d'une manière définitive. On trouve dans son œuvre la définition de sa nature propre, du goût de son temps, des mœurs, des aspirations ; elle est un document personnel et général. Le moraliste, le théologien, le politique peuvent énoncer des préférences sur les diverses phases de l'évolution d'une race : aux artistes qui les représentèrent, le critique n'a que le droit de demander de les avoir bien représentées, et Fragonard, à ce titre seul, appartiendrait à l'histoire. Au reste, ses petits sujets ne sont pas si petits, puisqu'il a su dépasser ses anecdotes par la puissance de son invention, et

devenir le poète de la jeunesse amoureuse, des timidités
de l'âge ingrat, c'est-à-dire toucher à des points éternels
de la créature humaine. Il suffit de le comparer à Pater, à
Lancret, ou à d'autres habiles hommes, pour mesurer la
distance qui sépare un maître d'un artiste ingénieux
devant les mêmes sujets. Et personne dans le XVIII° siècle
n'a été, au degré de Frago, peintre de figures, de paysages,
d'intérieurs, d'animaux, d'ornements, de miniatures, de
portraits, avec une telle supériorité dans tous les genres.

Si maintenant nous quittons la question des sujets pour
en venir à la technique, alors le peintre apparaît très con-
sidérable, un des plus beaux que notre école ait jamais
comptés. Et par « école » j'entends cette suite admirable
d'artistes qui, à travers les siècles et malgré l'invasion
italienne, a gardé pures les qualités foncières de la France.
Fragonard est l'exemple même de ce que peut, contre
l'éducation académique, la force de réaction d'une nature
libre, ne voulant puiser sa science que dans le contact
ininterrompu avec la vie. Ses dessins, ses sépias, ses
esquisses de nu vont de pair avec les plus belles choses
que les grands maîtres aient laissées en ces genres, et là
il les rejoint au delà des sujets. Assurément il eut autant
de dons que quiconque. Il ne peut être mis au rang des
grands créateurs parce que son domaine a été restreint,
qu'il a cédé à l'improvisation et au désir de plaire : il n'a
pas inventé une vision ni un monde de formes. Mais il a
eu le don divin de la grâce, et s'il n'a pas renouvelé les
aspects du monde sensible, si les Hollandais et Boucher

LES LISEUSES.

l'ont influencé visiblement, du moins sa perfection n'a-t-elle jamais été froide, et a-t-il su voir la vie avec profondeur et vérité dans ce qu'il voulait retenir, ce qui est un mérite surprenant en une époque qui fardait toute la nature. Il est incomparable dans l'esquisse et de haute valeur dans l'achèvement. Il est même un des peintres spontanés qui aient le moins gâté leurs esquisses en les terminant, et cette réflexion ne semblera pas ironique à ceux qui savent combien terrible est la difficulté qu'elle évoque.

Enfin, Fragonard est un précurseur. C'est un peintre de génie. Les véritables sujets d'un peintre ne sont pas ceux que les titres de tableaux mentionnent. Ce sont les formes, les groupements, les harmonies, les choses que l'œil voit dans la nature et que le raisonnement et la mémoire nomment ensuite. Fragonard n'a pas seulement été un dessinateur savant et un coloriste d'une beauté rare, sachant infailliblement les lois de la composition, la justesse des valeurs, le savoureux secret des matières employées, l'appropriation de la technique à chacun des procédés. Il a été en possession de ces connaissances d'une certaine façon qui le rapproche singulièrement de nos peintres modernes. Il fut un préparateur de l'art impressionniste par sa vision, par son sentiment de l'atmosphère, par son observation très précise des harmonies complémentaires, par sa faculté de comprendre le dessin des mouvements, et enfin par son pittoresque, son sens du caractère intime, ses dons d'historiographe

des mœurs. Quelques-uns de nos plus vrais maîtres
ont ressenti son influence, et il vit par eux au milieu de nous. On n'a pas devant lui le sentiment de
respect un peu froid qu'on éprouve, dans les musées,
devant les œuvres des grands maîtres morts, qui
malgré tout sont des morts, séparés de notre existence, appartenant à un âge révolu, à la fois sauvegardés
et figés par l'histoire. Frago est, aux cimaises du Louvre,
un contemporain souriant, un ami, dont l'âme garde
quelque chose d'immortellement jeune. Et il est bien
nôtre ; il a, en plus de la science et du génie, un pres-
tige indéfinissable qui nous le fait apparaître comme un
sylphe familier, le sylphe du xviiie siècle aristocratique
et sceptique et généreux, offrant son art adorable comme
une rose suprême, suspendue avant de tomber dans le
sang.

FIN

# TABLE DES GRAVURES

# TABLE DES MATIÈRES

880-04. — CORBEIL. Imp. ÉD. CRÉTÉ.

www.ingramcontent.com/pod-product-compliance
Ingram Content Group UK Ltd.
Pitfield, Milton Keynes, MK11 3LW, UK
UKHW021308190726
13839UKWH00007B/546